マレビト芸能の発生

琉球と熊野を結ぶ神々

沖縄大学地域研究所叢書

須藤義人 著

芙蓉書房出版

はじめに

民俗学者・折口信夫が提唱した「マレビト」という概念に、青年時代の僕はひどく惹かれた。彼の「マレビト論」は直感的で魅惑的だが、それに捉われ過ぎると、現在のアカデミズムとは深い溝ができてしまう。だが、八重山諸島の仮面・仮装芸能を見て、折口が着想した「マレビト」に、日本民俗学の黎明期をつくり上げたリアリティを感じた。僕は「マレビト」をイメージした仮面・仮装芸能や、その芸態、図像などを調査し、日本人の心象における来訪神の原型を探求したい……という好奇心を強く持った。

フィールドワークの最中、八重山諸島の小浜島に伝えられる来訪神「ダートゥーダ」と出会った。この仮面芸能の奇界な雰囲気が、僕の研究人生の重力を良くも悪くも歪ませた。客観的な学問の徒であるべき眼差しに、感覚的なエゴを入れ込んだ。民俗学では疎まれる研究方法、つまり、〈帰納法〉的なアプローチを歩む羽目になってしまったのである。

暗中模索の中で仮面神「ダートゥーダ」を調査していくうちに、この仮面芸能が「フェーヌシマ」と呼ばれる棒踊り系芸能に分類されることを知った。その後、琉球弧（琉球諸島）*1の棒踊りを研究対象として調べていき、記紀神話と所縁のある〈九州地方の修験道〉と絡んだ呪術芸能、そして熊野権現の神話伝承へと結びついている要素がある……という仮説に行きついたのであった。その導きは、小浜島の芸能史研究家・黒島清耕氏のささやかな研究成果との邂逅のお陰でもあった。さらには、小浜島の結願祭に通ううちに、「ダートゥーダ」と拮抗して登場する来訪神「ミルク」の存在が気になり始めた。小浜島の二神「ダートゥーダ」と「ミルク」は、〈導きの神〉〈山の神〉〈海の神〉という多面的性格を持つ「マレビト」であると直感したのである。

以後、「フェーヌシマ」（南島踊り）や「ミルク芸能」（弥勒踊り）を軸として、琉球弧に受け継がれる「マレビト芸能」*2を、神話学的な視座から体系化を行っていくことを重んじていった。各地の「マレビト」の図像や芸態の元の姿を明らかにしたい……という知的欲求に駆られた結果でもあった*3。

僕は琉球弧にある仮面・仮装芸能を下調べして、「フェーヌシマ」や「ミルク」を訪ね歩いた。それは、「マレビト芸能」の元々の姿を見出すためであった。折口信夫が、自身で体感した神々を「マレビト」に求めたことと同義であると思う。来訪神にまつわる芸能を「マレビト芸能」と名付け、その成り立ちを聞いてまわり、図像と芸態から、その原型を探り当てる作業を進めたのである。この焦燥感は、日本人の神々に対する〈心象スケッチ〉を再発見したかったからであろうか……。

八重山諸島と沖縄本島では、「ミルク」*4の祭祀行列を追い、「ミルク芸能」（弥勒踊り）を調査対象として検証していった。〈ミルク神〉の顕れる祭祀を実際に見て、象徴性やイメージを連想し、学術的な視野を重ねていった。その作業は淡々と、仮面や仮装、地謡の曲などを映像で記録していく……というものであった。その集積物の分析を進めていくと、目の前には〈海上の道〉が広がっていた。黒潮の流れに沿って、海上信仰や来訪神信仰が点在していた。「ミルク」の仮面や仮装・仏像は、沖縄本島・中国江南・ベトナムまで広まっており、折口のいう「マレビト」の表象イメージと繋がっているような気がした。さらには、「ニライカナイ」というコスモロジー（他界観）を島人と共感することで、〈福の神〉〈豊穣の神〉という多面的性格を持つ〈ミルク神〉の豊かさを垣間見た。神の似姿とは、信仰する人びとの〈心象スケッチ〉に他ならないのだと思い始めていた。

このように、東シナ海の周縁に広がる「来訪神・異人伝説」のイメージについて考察することで、「フェーヌシマ」と「ミルク芸能」が伝播した「海上の道」を辿り、琉球弧の「マレビト」の起源を浮き彫りにできる可能性が拓けまいか……と思索することになった。僕は取り憑かれたように、琉球弧の神々の古層へと引きずり込まれたのであった。

その瞬間から、僕の足かけ六年の調査の旅が始まった………。本書はその集大成である。

注

＊1　琉球新報が編集した『沖縄コンパクト事典』に拠れば、琉球弧とは「九州から台湾の間にある島々の総称。弓上に並ぶ島々のこと。一般には奄美諸島と沖縄県域の島々を指す、琉球列島と同じ」と定義されている（琉球新報社、二〇〇一年）。

＊2 「マレビト芸能」という用語に関しては、民俗芸能論において定義が確立していない。「マレビト」という概念を提唱した折口民俗学を踏まえ、本論では「マレビト芸能」という言葉を使用している。この芸能の特徴は、琉球独自の芸能要素に加え、時代によって日本本土をはじめ中国や東南アジアなどからも影響を受けており、原型を探る上で研究を困難なものにしている。琉球弧には多種多様な民俗芸能が存在し、学術分類が諸説あるが、本論が基盤としているのは、〈民俗芸能〉という語を定着させた本田安次によって試みられた「沖縄民俗芸能」の分類である。その分類で着目したのは「棒踊り」と「弥勒踊り」のカテゴリーである。前者は組になって三尺棒や六尺棒を打ち合わせる一種の武技で、これが舞踊化したものが、激しい跳躍をともなった「フェーヌシマ」（南ヌ島）と呼ばれるリズミカルな集団舞踊である。このような「棒術」「棒踊り」に仮面を被って呪術的な芸態を取り入れたのが、八重山諸島の小浜島に伝えられる仮面芸能「ダートゥーダ」である。後者は、〈海の彼方の楽土〉と想定されている「ニライカナイ」から、豊年を運んで来る神様を表現したものである。特に八重山において盛んに行われている。豊年祭、種取祭、結願祭では、〈ミルク神〉は女性の神格として扱われ、「子孫を引き連れ、稲穂の入った篭を携えて行列してくる」という信仰に基づいて、ミルク行列・ミルク芸能が奉納される。豊年のことを〈弥勒世界報〉〈ミルクユガフー〉と言い、またミルク節の中では豊穣の世のことを〈弥勒世〉（ミルクユ）と呼んでいるが、何れも〈ミルク神〉が現世に五穀豊穣・子孫繁栄をもたらすという世界観に基づいている。

＊3 本研究は、猿田彦大神フォーラム研究助成「サルタヒコ大神の動態原理をさぐる舞踊空間論——琉球弧の烏天狗芸能から熊野権現へと結ぶ視点」で着想した研究をもとに、科学研究費「琉球諸島における〈棒踊り系芸能〉の舞踊学的研究」（二〇〇四〜二〇〇七）の成果を踏まえ、科学研究費「琉球諸島における〈弥勒神〉の図像学的研究」（二〇〇八〜二〇一〇）において総括したものである。また、二〇〇三年の第六回司馬遼太郎フェローシップ助成「弥勒仮面が来訪した〈海上の道〉を探る——黒潮の流れに沿って〈南波照間島〉伝説から弥勒信仰へと結ぶ視点」によって、〈マレビト芸能〉という概念へと繋がった。

＊4 喜舎場永珣の『八重山民謡誌』によれば、「ミルク」とは、その福々しい表情に象徴されるよう

に、世の幸福の体現者として、多くの子孫をひきつれ、五穀の稔りを入れた籠、酒壺、酒器を捧げ持った供の者を従えている（沖縄タイムス出版部、一九六七年、九四頁より）。その姿は七福神の布袋そのままの風貌をしており、「ニライカナイ」（海の彼方の楽土）から豊年を運んで来る神とされる。それ故に琉球弧では豊年のことを〈弥勒世果報〉（ミルクユガフ）という。「ミルク神」とはミロク、即ち弥勒のことを指すのであるが、琉球弧のミルク仮面は布袋様の顔をしており、日本本土の仏像にみられる弥勒仏とは全くかけ離れた容姿をしている。この扮装については、琉球弧の「ミルク」が、布袋和尚を弥勒菩薩の化生と考える中国大陸南部の弥勒信仰に、強い影響を受けているためであると考えられている。ちなみに布袋和尚は実在の人物と考えられ、唐末期、宋、元、元末期の四人の僧が布袋和尚とされている。彼等は大きな腹を持ち、大きな布袋をかついで杖をつき、各地を放浪した……という伝承が残っている。一二世紀頃の禅宗でこの布袋を弥勒の化身とする信仰が始まり、この〈布袋〉＝〈弥勒〉と考える信仰は中国南部からインドシナ半島にかけて広がり、これが八重山諸島にも伝播するといった経路を辿ったと想定されている。（須藤義人「サルタヒコ大神の動態原理をさぐる舞踊空間論――琉球弧の烏天狗芸能から熊野権現へと結ぶ視点」『あらわれ』第五号、猿田彦大神フォーラム編、二〇〇二年、一〇七頁より）

マレビト芸能の発生●目次

第四章 マレビト芸能にまつわる熊野権現信仰——琉球弧から熊野権現へとむすぶ視線

第一章
琉球弧のマレビト芸能への眼差し
——来訪する神々の姿かたちを求めて

琉球弧の仮面神・仮装神をモティーフとした〈民俗芸能〉と琉球神話の関わりについて研究することは、古代文芸から基層を掘り出すとともに、民俗祭祀の空間構造、芸態原理を探ることに他ならない。とりわけ琉球弧の中でも、八重山諸島に根付いた民俗芸能には「琉球弧の古層」が息衝いている。〈民俗芸能〉という学術用語を生み出したことで知られる本田安次も「我々が八重山歌舞に接した最初は、昭和三年四月、…（中略）…その折の強烈な印象は今も忘れることができない。」「……曽れあれほど東京の人たちのゆすぶった八重山歌舞」などと絶賛している*1。実際、一九五九年には滝口宏（早稲田大学）を団長とする八重山学術調査団が結成され、本田は芸能・信仰分野の研究班を担当してフィールドワークを行っている。その成果は『南島採訪記』（一九六二年）において収められ、後学の徒である僕の基礎文献となっている。

何れにせよ、本研究では多様かつ混沌なる「琉球弧の基層文化」にフィールドを設定し、その表象としての〈マレビト芸能〉に焦点をあてた。その理由は、まず琉球弧（琉球諸島）が地理的に、更には文化的にアジアの「吹き溜まり」という位置付けにあるとされるからである。比嘉政夫が綿密なフィールドワークに基づいて指摘しているように*2、日本本土（大和）の基層文化の一部は琉球弧を起源とするものがあり、琉球弧の基層文化に目を向けることは日本文化における伊勢・熊野神話圏を照射することにもなろう。

第一節　プロローグ
――小浜島でのインスピレーション

二〇〇一年九月初旬、八重山諸島の祭祀空間を尋ねて、僕は石垣島の宮良集落と小浜島に足跡を残した。旧盆の夜、市役所に勤務する宇保安博氏に案内されて石垣の市街地を歩いていると、賑やかな音がどこからか聴こえてくる。その音を頼りに辿ってゆくと、夜な夜な音を鳴らしながら練り歩く集団があった。旧暦で行われる沖縄のお盆の一幕である。石垣島に受け継がれる「アンガマ」*3は、あの世からの使者である〈ウシュマイ〉（お爺）と〈ウミー〉（お

烏天狗神ダートゥーダ（黒島精耕『小浜島の歴史と文化』自費出版より）

婆〉が〈花子〉（ファーマー）と呼ばれる子孫を連れて現世に現れ、家々を訪問する。珍問答や踊りなどで祖先の霊を供養する独特の行事で、三線を弾き、太鼓を打ち鳴らし、笛を吹き、念仏を唱えながら、唄い、踊る。

翌日、小浜島へ渡ることにした。この島は、黒潮に洗われた美しい珊瑚礁に囲まれ、長年に及ぶ人と自然が共生する暮らしの伝統が、現在も受け継がれている。八重山の歴史を象徴する〈グツク〉（石積の垣）と赤瓦の民家は伝統的な集落のたたずまいを残し、また、豊かで実り多い世を神々に祈る結願祭では、古式ゆかしい多彩な芸能が継承されてきた。

小浜島の歴史と民俗資料がぎっしり詰まった小浜民俗資料館へと向かった。この資料館には、大正時代に島の祭りで披露された来訪神「ダートゥーダ」の面があった。この仮面芸能は、〈海の神〉が祀られている嘉保根御嶽《カフネウタキ》*4で、結願祭に踊られていたという。海の彼方の異界から訪れる「マレビト」と、〈海の神〉を奉る御嶽で演じられた民俗芸能「ダートゥーダ」……。このような「異豹の神」の両イメージが交錯して脳裏によぎり、本研究の動機ともいえる〈インスピレーション〉が沸き起こったのである。その後、口承伝承に基づいた精神世界を芸態によって再現したマレビト芸能「ダートゥーダ」が、

〈祭祀歌謡〉を伴って、「神事芸能」として復活している場に触れることができた。ますます僕の関心は、〈祭祀歌謡〉という神話性が織り込まれた「マレビト芸能」を記録する方向に向かっていった。というのも、八重山諸島は、その中心地である石垣島の市街地を除いて過疎化が進行し、芸能の中で流れる〈祭祀歌謡〉を島言葉《シマクトゥバ》で伝える話者がいなくなった集落が多いからである。一人あるいは数人しか話者がいないという集落もあり、その存続と継承がきわめて危機的な状況にある。本研究は、記紀神話と琉球神話を分析する視点から来訪神「マレビト」の原型を読み解きつつ、その仮面・仮装芸能を体系化することを目的としている。

第二節　マレビト芸能「ダートゥーダ」の甦り

——来訪神が顕現する原風景

八重山諸島のほぼ中央にある小浜島は、農業が盛んな島でさとうきび畑が広がり、自然に恵まれた豊かな島である。それ故に、この〈ちゅら島〉では豊年祭・結願祭をはじめとして農耕に関する祝祭が多い。また、この島の美しさは、踊り蝶という雅語〈ハピラ〉に由来する「ハピラ踊り」が伝承されていることからも窺え、蝶になったような気分は標高九九メートルの大岳《うふだき》に登り、西表島、黒島、鳩間島、由布島、石垣島、竹富島、嘉弥真島、新城島などの島々を見渡すことで体感できる。八重山を代表する「小浜節」をはじめ、数多い名曲の民謡を今に残す謡《うた》の島が連なっている。「小浜節」は島の「弥勒世果報《ミルクユガフ》」を称えた歌で、哀調を帯びた旋

小浜民俗資料館と所蔵品群

小浜島の大岳からみた八重山諸島

律の美しさは、他に類を見ないほど際立っていると言われている。このように、美しい海と緑豊かな小浜島には「琉球弧の精神世界」が色濃く残されている。

この島で見られる〈幻のマレビト芸能〉が、本論の研究対象の一つである「ダートゥーダ」であり、結願祭に奉納される神事芸能であった。芸能自体も約四十年ほど途絶えていたが島の民俗芸能保存会*5によって復活し、小浜島の多彩な芸能に色を添えることとなる。しかし「ダートゥーダ」の踊りは伝承されるものの、祭祀において神事芸能として奉納されることは一九二六年以降において一度も無かったのである。

島の民家に隣接した小浜民俗資料館*6には、結願祭にだけ使われる黒仮面「ダートゥーダ」が所蔵されており、烏天狗を想わせる仮面が伝えられている。これは一見、烏の顔を少し変形させたものであり、口先が鋭くとがった面を被り、柿色の服装で長身の姿をしたグロテスクな仮装神として民俗芸能の中に登場している*7。小浜島の「マレビト芸能」*8として、御嶽に年に一度だけ顕現する容姿、そして、その仮面と所作からは、記紀神話のサルタヒコを彷彿とさせるフォルムや芸態が連想でき、〈神話の原風景〉として僕の脳裏に刻まれた。御嶽《ウタキ》において仮面神が跳躍する祭祀空間は、神話的なモティーフとして、「マレビト」が顕現する〈原風景〉を解明する手掛かりとなり得る……と直感したわけである。

仮面芸能「ダートゥーダ」は一九二六年に封印されたが、二〇〇一年の結願祭に神事芸能として遂に再現されるに至った。舞台芸能として、小浜民俗芸能保存会によって密やかに継承されてきたが、祭祀芸能としての復元は七十五年ぶりに同島の嘉保根御嶽前で行われた。神前での奉納芸能として復活したのである。古来においては、結願祭で小浜島の南集落の神として出現する神であった……と、喜舎場永珣が『八重山民俗誌』に記録している*9。この仮面芸能の復活に関しては、沖縄県内の有力紙である沖縄タイムスや琉球新報が大々的に取り上げ、以下のように報じている。

〈沖縄タイムス　二〇〇一年一〇月五日　朝刊〉

仮面芸能75年ぶり復活／小浜島でダートゥーダ

竹富町小浜島の結願祭が四日、同島の嘉保根御嶽《かふねうたき》前で行われ、仮面芸能のダートゥーダが七十五年ぶりに舞台芸能として復活した。八重山でもほかの島ではまったく類例のない独特の厳かな舞踊を、島民らは感極まった様子で見守った。

結願祭は今年の豊作に感謝し、来年の五穀豊穣《ほうじょう》を祈願する年間の農耕儀礼の総まとめ的な行事。ダートゥーダは祭りで庭の芸能として披露されていたが、昭和以降は別の奉納芸能に変わったため、演じられなくなった。復活に向けては、今年九月に島の芸能保存会がダートゥーダ部会を発足し、練習を重ねてきた。

祭りは北集落が「弥勒《みるく》」、南集落が「福禄寿《ふくろくじゅ》」の行列をつくり、厳かに登場。御嶽前で獅子舞、棒術などの庭の芸能を奉納した。その後、御嶽前に設営した舞台で、南北の集落に分かれて交互に民俗芸能を披露。

ダートゥーダは舞台芸能の終盤に行われ、口先の鋭くとがった面をかぶった四人がドラの音に合わせて「ダートゥーダ、ダートゥーダ」と低音でうたいながら、棒を高く突き上げたり、軽やかなステップや肩車などを繰り広げた。

古くから伝わる島独特の舞踊を目の当たりにし、会場は興奮に包まれた。

小浜島に伝わる独特の仮面舞踊のダートゥーダ＝竹富町小浜島の嘉保根御嶽(沖縄タイムス2001年10月6日日刊より)

〈琉球新報　二〇〇一年一〇月五日　朝刊〉

75年ぶりダートゥーダー／小浜島結願祭で復活

【小浜島＝竹富町】来年の豊穣《ほうじょう》を祈願する小浜島の結願祭神前奉納式が四日、竹富町小浜の嘉保根《カボネ》御嶽であり、八重山の中でも同島にしかみられない民俗歌舞「ダートゥーダー」が75年ぶりに復活した。高い鼻に黒くのっぺりとした面を着けて踊る姿に、島民らは復活を喜んだ。

四人一組で舞台に上がったダートゥーダーは天を指さして飛び上がったり、互いに指差し合ったりするなど奇妙なしぐさをみせた。今年は併せて鬼狂言（オニキョンギン）も約30年ぶりに奉納された。仲盛長儀小浜公民館長はあいさつで「21世紀初めの年で長い間途絶えていた昔からの伝統文化も掘り起こし、再現を見たいということで復活となった」と経緯を説明した。

結願祭では北集落の「弥勒《ミルク》」に対し、南集落からはダートゥーダーが演じられていたが、一九二六年、間が抜けているなどの理由で祭の舞台から姿を消したという。代わりに「福禄寿」が登場した。

神前奉納式では、例年通り弥勒と福禄寿が御嶽に入場、北と南の集落からそれぞれ庭と舞台の芸能が奉納された。ダートゥーダーが演じられると「75年ぶりの復活に乾杯」と復活を喜ぶ声が上がった。ダートゥーダーの復活を呼び掛けていた黒島精耕さん（64）は「いつかぜひに、と念願だった復活がこんなに早く実現できて涙が出るほどうれしい。踊

琉球新報2001年10月6日日刊より

る若者の力があったからこそできた」と喜んでいた。

このように小浜島に伝わる独特の仮面芸能「ダートゥーダ」は、二〇〇一年一〇月四日に行われた結願祭において、七十五年ぶりに神前で再現されたのである。ここで重要な視点となるのは、「ダートゥーダ」が嘉保根御嶽で神事芸能として演じられたことであった。再び、〈マレビト芸能〉と〈御嶽信仰〉の結びついた祭祀空間が、脚光を浴び始めたのである。地元マスメディアの扱いを見ても、神々が憑依すると信じられている御嶽空間で、民俗芸能を奉じるケースを特別視して報道していることは明らかである。アニミズムを基底とした〈御嶽信仰〉が、村人に与える精神的な影響力が大きいことを物語っている。

注

＊1　宮良賢貞が著した論文群を編集した『八重山芸能と民俗』の序における寄稿文より抜粋（本田安次「序」『八重山芸能と民俗』根元書房、一九七九年、ⅰ頁）

＊2　比嘉政夫は著書『沖縄からアジアが見える』の中で、次のように述べている。

「琉球の島々の連なりが、東シナ海の南北に、あるいは東西に通り過ぎて行ったいろいろな文化の通り道であったならば、その島々の文化のひとつひとつには、アジアの文化を探る糸口がひそんでいると考えられます。そう理解するとき、琉球の島々の文化は、決して辺境の文化ではなく、広くアジアの文化を理解するための重要な鍵という位置づけが与えられるのです。」（比嘉政夫『沖縄からアジアが見える』岩波書店、一九九九年、一一三頁より抜粋）

＊3　「アンガマ」は祖神であり、お盆の時期にあの世からやってくる神とされる。つまり、芸能を披

露して祖先の霊を慰め、現世の人々にあの世のことを教えるために、阿弥陀仏によって派遣された……と信じられてきたのである。旧暦のお盆に行われる「アンガマ踊り」では、〈ウシュマイ〉（爺さん）と〈ンミー〉（婆さん）の仮面を被った「アンガマ」が各家々を回る。八重山の各地で行われている。

＊4　嘉保根御嶽は、琉球王朝時代、上納金を首里に運ぶ兄の航海安全を祈願した妹が、願いを聞き入れてくれた竜宮の神、即ち〈海の神〉を祀ったと言われている。この御嶽では「カンドゥラ石」という聖石が信仰されているが、これは雨乞いで使われた雷石のことである。日照りが続くと、この石を大岳（うふだき）から転がし、音を立てて雷の音に似させ、雨降りの予兆とした。大きな石は一二〇斤（約六〇kg）、小さな石でも六〇斤（約三〇kg）ある。雨乞いで用いられた大小二つの石は、雷が鳴ったときに落ちてきたと言われ、これを持ち上げて落とすと雨が降ったという伝説が残っている。

＊5　結願祭を含む小浜島の民俗芸能は、一九九四年（平成六）一二月に文化庁から「重要無形文化財」に選抜された。島では小浜民俗芸能保存会を中心に、伝承に積極的に取り組んでいる。

＊6　小浜民俗資料館は、白仮面の〈ミルク〉や黒仮面の〈ダートゥーダ〉、歯を剥き出しにした獅子頭などの祭具をはじめ、農具や民具、生活の知恵を駆使して生み出された生活用品など、約五〇〇点が所狭しと並ぶ。館長の慶田盛正光氏は「竹富町は島だらけで行事も違えば生活も違う。小浜の歴史・文化を残しておこうと資料館を開いた」と述べている。（琉球新報「〈だあどぅだ〉が迎え」二〇〇一年七月八日日刊より）

＊7　黒島精耕『小浜島の歴史と文化』自費出版、二〇〇〇年、一四〇頁参照。

＊8　「マレビト」とは、異界から訪ねてくる来訪神のことで、八重山諸島では海の彼方の「ニライカナイ」からやってくる神を指す。豊年祭に登場する〈アカマタ・クロマタ〉や、旧盆に登場する〈アンガマ〉なども「マレビト」として考えられている。

＊9　喜舎場永珣『八重山民俗誌』沖縄タイムス社、一九七七年、上巻三二七～三三一頁参照。

第二章
琉球弧の神話世界
——〈サルタヒコ〉と〈アメノウズメ〉の芸態モティーフ

　琉球弧における信仰や民俗、言語が、日本本土（大和）のものと類似していることは、柳田國男や折口信夫、「沖縄学の父」である伊波普猷らの先行研究に詳しい。祭祀芸能が豊富な琉球弧を見ると、記紀神話をはじめとした日本神話群の解明に資するものが多いことも事実である。とりわけ八重山諸島の仮面芸能「ダートゥーダ」から、〈ニライカナイ〉*[1]に代表されるような他界イメージや祭祀空間における神の憑依表現を抽出することは、伊勢・熊野神話圏における修験道や記紀神話の研究に新たな視点が拓かれると思われる。琉球弧の祭祀空間に登場する来訪神「マレビト」から照射されるもの——、即ち島々の民俗芸能への眼差しから導かれ

アメノウズメの芸態を思わせる
「神なぎの舞」(熊野速玉大社)

るものから、日本文化（大和文化）の根底をなす記紀神話が垣間見られるはずである。日本人の心象における「マレビト」の原像は、神話的モティーフに見られる〈来訪するモノ〉と〈トリックスター〉という両側面を持っている。「マレビト」の所作こそが、「芸態原理」を祭祀空間から抽出する手掛かりなのである。

「マレビト芸能」の芸態原理を探る上で、記紀神話のモティーフが重要だが、とりわけニニギノミコトの天孫降臨の際、先導者となったサルタヒコに着目すべきであろう。この神は、図像学的なイメージから「道祖神」と同一視される。天孫降臨の段階で、ニニギノミコト一行をこの国に迎えた国津神の代表とされ、その後、芸能・舞踊の祖神アメノウズメノミコト（天宇受売命）と夫婦になって伊勢に鎮座した。それ故にサルタヒコの身体性は、アメノウズメの芸態と共鳴するように密接に関係しており、琉球弧の神話空間を読み解く上で分離しては考えられない。この二神の芸能が記紀神話に描かれている場面を手掛かりとして、神祭りにおいて歌と踊りが融合する時空間を探りたい。つまり、琉球神話に基づいた祭祀歌謡と、御嶽における神事芸能が歌舞一体となる原風景に迫っていきたいのである。本章では、芸能が演じられる御嶽《ウタキ》（聖域空間）に〈神話の力〉が生まれ、琉球弧の「神遊び」*2 のトポス（場）として、祭祀空間が立ち顕われるメカニズムを明らかにする。

第一節　祭祀空間の〈神話イメージ〉
――琉球神話と記紀神話をめぐる「マレビト」論

1　琉球弧の祭祀空間にあらわれる〈神話の力〉

琉球弧には今も神々しい伝説や遺跡、旧跡が数多く残っており、記紀神話に関連した聖空間も存在する。藤井貞幹は『衝口発』の中で、〈天岩窟《あまのいわや》〉の起源について論じ、神武天皇が〈恵平也島〉に生まれたとして「即ちこの島にして倭国等の事を知らしめ勃興し玉ふならん」と唱え、物議をかもした。実際にこれを裏付けるように、伊平屋島の北端にある広大な洞窟「クマヤーガマ」が、大昔から〈天岩窟〉と言い伝えられる場所として存在する。『古語拾遺』には「猿女君の遠祖天鈿女命は、則ち手に芽纒の鉾を持ち、天石窟戸の前に立たして、巧みに俳優《ワザオギ》す」というモティーフがある。すなわち、アメノウズメノミコトが神懸りしながら舞い踊った場所

天岩窟伝説のある伊平屋島

が〈天岩窟〉であり、神話的には舞踏の起源であると語られる。藤井学説の真偽はともかく、その伊平屋島では「神遊び」（カミアシビ）の聖空間が現在でも存在し、祭祀の日、神々が祝女（ノロ）らシャーマンに乗り移り、降臨する場を〈神アサギ〉と呼んでいる。実際に、琉球王国時代から伝わる茅葺きの屋根で覆われた聖地が、伊平屋島の我喜屋に残っている。このように、琉球弧においては「神遊びの空間」が脈々と受け継がれ、広々とした〈遊び庭〉（アシビナー）で、四季折々、様々な神事芸能が行われている。豊年祭の祭祀芸能は「神遊び」とも呼ばれ、琉球弧各地で行われていることは興味深い。

この「神遊び」の空間にて祭礼行事が行われる際、神酒を飲み神謡を唄いながら列した人々（氏人＝マキンジュ）の感情が激発することで、手振りや身振りなどのごく単純な踊りの芸態が神懸って演じられる。その際に聞えてくる歌謡「アヨー」とは〈アヤ唄〉（文謡）の意味であり、文芸的内容から察するに〈祭祀空間という場〉から琉球神話の一部として生じたことは疑いない。歌詞、音調、舞踊の三要素が一体化して、神歌のリズムに乗った民俗芸能がシャーマニスティックな芸態へと昇華した時、神話世界が歌謡の中に「言霊」として宿るのである。つまり、神役は舞踊空間において聖なる歌謡としての「祭祀文芸」＊3を歌い、それが言霊となって神話世界が再現される。このような口承による歌謡が文体として記録に刻まれ、『おもろさうし』＊4を始めとした琉球神話を形成しているわけである。

琉球神話の原型である「祭祀文芸」を考える時、「詩は呪術から発生した」というフレイザーの指摘が頭を過ぎるが、琉球弧の祭祀空間の場に立つと、〈神話の起源〉を彷彿とさせる瞬間が体感できる。神女の祈りの言葉、出現した神自らが語る言葉、そして人々の神を迎え言祝ぐ歌謡……。これらの言葉は、日本人の心象における〈神話の原風景〉を表象していると言えまいか。祭祀文芸の中でも、それが文献資料として残されたのが『おもろさうし』であり、その原型もそのような祭祀歌謡であった。このような歌謡は〈マジナイ〉（呪い）や〈祈り〉が始源であり、神の言葉（神託・託宣）を中心とした「呪祷」から派生した。琉球弧における「呪祷」は、基本的に口承で表現してきた経緯があり、それゆえに超常的存在である神々に対する言葉は聖別されてきた。このような繊細な言語感覚は、コスモロジーに影響を与えている。「呪祷」のための言語が歌謡として流れた時に、祭祀空間は人間と神とをつなぐ〈聖別された場所〉へと昇華する…とイメージされていたわけである。

2　琉球神話にみえる〈マレビト〉の図像学

現在の琉球諸島は長らく、日本本土とは別の「琉球王国」としての歴史を歩んできた。琉球民族の創始などを伝える神話もまた、『古事記』や『日本書紀』を代表とする大和王権の持つ神話とは異なり、独自の神話を有してきた。王国レベルにおける世界創世・人類起源を伝える神話には、太陽の神が下界に「アマミキョ（阿摩美久）・シネリキョ」という二柱の〈来訪神〉を送り、国造り、島造りを命じたとするモティーフがある。この二神が来たりて島々を作った際に、王国の祭祀にかかわる聖地である〈御嶽〉も造ったとされている*5。『琉球国由来記』や『遺老説伝』などに記されている斎場御嶽《セーファウタキ》や久高島のフボー御嶽をはじめとして、それらの聖地＊6は現在でも崇拝の対象となっている。これらの公式的な琉球神話は政治的色合いが濃く、沖縄本島中部に始まりをもつ琉球王朝によって、『おもろさうし』『中山世鑑』といった一七世紀半ばに記された書物が体系的に纏められていくことになる。その琉球神話で「アマミキョ（阿摩美久）・シネリキョ」が果たす〈来訪神〉的機能は、サルタヒコとアメノウズメノミコトの神像を探る上で見落してはならない点である。なぜならば、創世神話の主題となるのが「アマミキョ（阿摩美久）・シネリキョ」であり、天界から遣わせられたという〈来訪神〉的存在であるからである。

漲水御嶽で踊る神女たち

一方で民衆レベルにおいても、それぞれの地域や島に〈来訪神〉の子孫が中心となった創世神話、宇宙開闢神話が残されている。これは、何らかの原因でその土地に辿り着いた、兄妹の関係にある一組の男女がその土地の始祖となる……という神話である。例えば宮古島には、島を代表する聖地である「漲水《ぱりみず》御嶽」にまつわる神話として、「クイツヌ・クイタマ」の二神による始祖神話が伝えられている。また沖縄本島北部の古宇利島にも、島に流れついた男女が裸で暮らしていたが、ジュゴンの交尾を見て生殖と羞恥心を知り、その子孫が琉球弧の人々となった…という「アダムとイブ」のような言い伝えが残されている。

では、琉球神話で語られる〈御嶽の来訪神〉について、諸文献はどのように描写しているであろうか。ところが琉球弧の神々について記した歴史的な資料は意外と多くはなく、『おもろさうし』『琉球神道記』『中山世鑑』『琉球国由来記』、それに『球陽』『遺老説伝』などが挙げられるくらいであろう。その中でも特に、『中山世鑑』『おもろさうし』『琉球国由来記』を中心として、〈来訪神〉の伝承説話と図像学的イメージについて持論を展開したい。『中山世鑑』『琉球神道記』にみられる神々は御嶽と関係が深いのであるが、これらを手掛かりに御嶽にまつわる〈来訪神〉の姿かたちが浮かび上がってくる。

①琉球神話にみる〈マレビト〉とサルタヒコの図像学

『中山世鑑』の神の中で重要なのは、「天帝」と「阿摩美久」（アマミク）である。王府が創出した「琉球創世・王権神話」のなかで、最高神として君臨しているのが「天帝」であり、天界からの〈来訪神〉として具体的な国土創造の仕事をなしたのが「阿摩美久」である。〈五穀ノ神〉と記されており、「――天城と地上を往来し、土石草木で島々を創造し、更に五穀の種子を持ち降りて農耕を始めた――」とされる。つまり、「阿摩美久」は五穀の種子を招来し、農耕を開始した文化神としても語られているのである。「阿摩美久」を『おもろさうし』では

〈アマミキョ〉と表記しており、天帝の命で聖なる御嶽を建て、琉球弧の島々を造った来訪神として描かれている。これらは、民間説話におけるアマミク神話とも通じており、琉球弧における創世神話、農耕発祥神話の原型であろうと推測できる。

では、これらの創世神話において、来訪神「アマミキョ」の姿かたちはどのように想像されていたのであろうか。八重山諸島の竹富島では、「タナドゥイ」（種取祭）の際に奉納される祭祀芸能において、「アマミキョ」を指す「アマンチ」が登場する。その神は「白髪白髭の翁」という風貌で現れ、村を訪れ、村の頭役に五穀の種子を授け、栽培法を伝授するという文化的

竹富島のアマンチ（種取祭）

古宇利島の長者大主（白髪白髭の翁）

英雄であり、キョンギン（狂言）の中で演じられる。この「アマミキョ」に似ているのが、石垣市四ヶ字の豊年祭の村プーリィに登場する翁で、「サジィヌアン」（サジの阿母）という来訪神である。その姿かたち・扮装は、白眉・白髭で、白い頭巾を被り、黒い着物を着け、左手には青竹の杖をつき、右手には広げた扇子を持っている。このように「アマミキョ」として表現される白髪白髭の翁は、サルタヒコの神具とも言うべき〈杖〉や〈扇子〉を持ち、また山伏姿を彷彿とさせる「禿」姿の髪型や白髭といったイメージを保持している。ニライカナイと現世を往来する境界神「アマミキョ」と、天津神と国津神の仲介神「サルタヒコ」……。二つの図像が交錯するのは、異質の二世界を繋ぐといった神話的機能を果たす、〈トリックスター〉の姿を象徴していることに起因していると考えられる。

『琉球神道記』の来訪神イメージを探る際も、サルタヒコのような〈トリックスター〉的存在の神々が、天と地を繋ぐ役割を担い、垂直軸信仰の〈山の神〉と水平軸信仰の〈海の神〉の両側面に深く関わっているという視点が重要となる。『琉球神道記』第五巻の「已下ハ正ク琉球国神道」に挙げられている神々の中には、〈山神〉と〈海神〉に関する記述があり、その神々の容姿は異界からの〈マレビト〉に相応しく、「異豹の神」であることが強調されている。例えば、山神に関しては「時有テ出コト、国人間見ル也。希有トモセズ」と来訪神的な性質を備えていることに触れ、そして「長ノ姿明ラカナリ。但シ面相ハ明ナラズ。長袖ナリ。衣裳忽ニ変ズ、或ハ錦繍、或ハ麻衣ナリ。─中略─小袖ニ上袴也。」という具合に、仙人のような長身を持つ不可思議なシルエットが描写されている。また海神とされる「ヲウチキユウ」も容姿に大きな特徴のある神であり、「長一丈計。フグリ大ナリ。□ヲ結テ。肩ニ掛。」と表現され、山神と類似したイメージが記録されている。この両神とも、その面相に関しては記述が曖昧にされており、サルタヒコのような天狗型のフォルムを有するかは定かでは無い。『おもろさうし』に記された来訪神の姿かたちについても、特に面相に関する細かな記述はない。ただし「御嶽・聖地の神」にまつわるオモロには、「蜻蛉御衣　召しよわちへ／風直り差しよわちへ（一三―八四七番）」「青しよ御衣　召しよわちへ（八四八番）」「風直り　煽らちへ／赤の御衣　煽らちへ（八五三番）」とあって、神々の身にまとう衣装が赤や青と色鮮やかな御衣であることを示している。また「風直り」という表記に見られるように、鳥の羽を飾り羽として頭に差している様相が窺え、山と海、現世と異界（ニライカナイ）を繋ぐ〈神の使い〉としての鳥が象徴的にイメージされている。このような琉球神話に描かれた神々の姿は、沖縄本島北部の祭祀「ウンジャミ」（海神祭）でも再現され、モティーフ通りに青や赤の衣裳を着けて出現する。山神・海神の遊び神の色鮮やかな衣裳は、オモロに表記された神話時代以来のものである

神アシャギでのウシデーク（国頭村安田）
（撮影・国吉真太郎）

ことを物語っているのである。

祭祀における歌や踊りの在り方として、山神・海神を村落の祭場に迎え、神と人が共に「神遊び」を行う〈原風景〉となる。とりわけ先述した「ウンジャミ」という祭祀では、『おもろさうし』に描かれた来訪神を表現した舞踊が演じられている点で興味深い。この祭りは、国頭村から大宜味村の一帯において、旧暦七月盆後の亥の日に行われる。集落からやや離れた神アシャギと呼ばれる祭場で、集落の女性神人が中心となって海神・山神を招き、神女がトランス（憑依）状態になって神と一体化し、歌謡や舞踊を繰り広げるのである。このような祭祀空間が「神遊び」と呼ばれるものである。そして再び、神を異界にお送りして祭祀を終える。このような「神遊び」の空間は、村人の「御嶽信仰」を基盤とした宇宙観によって支えられている。すなわち、祭祀が執り行われる〈御嶽〉とは、水平軸方向へニライカナイを信じる「海上信仰」と、垂直軸方向へ天帝がいます天上界を崇める「山岳信仰」が交わる拝み場所、いわば〈天〉と〈地〉が接合する聖地〈トポス〉なのである。したがって、琉球弧の祭祀が展開される聖域空間において、御嶽に所属する氏人（マキニンジュ）の心の底流にあるのは〈御嶽信仰〉であると言ってもよいであろう。御嶽は琉球弧の各地に遍在し、村を守護し、祝福する神はこの地に鎮座する。このような御嶽は、神の依代である〈イベ〉という石を中心とした「杜」であるだけでなく、村人が集う祭祀のための「アシビナー」（遊び庭）を併設した構造をとっている。

一〇〇〇を超える御嶽に顕現する来訪神「マレビト」が、具体的にどのような容姿としてイメージされてきたかは掴みきれない。また、御嶽の発祥については様々な由来説話があり、主として『琉球国由来記』が神の機能を語っているものの、御嶽にまつわる神々の容姿は見えてこない。わずかに残された神話と一部の民俗芸能でしか、その図像を窺い知ることはできないのである。琉球弧の神々の姿を解明する手掛かりは、天と地を繋ぐ御嶽の「アシビナー」（遊び庭）が祭祀の時に霊威《セジ》高き場所として機能し、来訪神を迎える場が「神遊び」の空間となる〈神話的時間〉にある。記紀神話のサルタヒコの神話的モティーフと重ね合わせることで、琉球弧の神々の表象イメージを描き出す可能性が出てくる。

②御嶽由来譚の〈マレビト〉とアメノウズメの図像

御嶽信仰とは、琉球弧において、村落の背後や周辺に展開する山や森を聖域とし、それを村落単位や祭祀集団単位で祀る信仰である。聖域とされた山や森は「御嶽《ウタキ》」と呼ばれ、普段、人が入ることはもちろんのこと、近づくことさえ禁じられていたと言われている。八重山諸島では、この聖域内にある拝所を「オン」や「ワー」と呼び、そこは、神の依代である木や石のある最も聖なる〈イビ〉（威部）とその前の祭祀のための広場〈ミャー〉（庭）から成る[*7]。八重山諸島における〈御嶽〉の記録は、その裏づけを解明する資料としての根拠がなく、一七一三年に編纂された『琉球国由来記』巻二十一の八重山島御嶽々並同由来記と『遺老説伝』の限られた文献だけであるという指摘がある[*8]。

『琉球国由来記』の「御嶽の項」には御嶽創建にかかる由来伝承が記され[*9]、沖縄諸島の一部、そして宮古・八重山にわたって約一〇〇〇にのぼる御嶽について記録されている。この由来記は、御嶽の神名、創建起源について詳細に記録された古文献であるが、御嶽という聖地に訪れる〈マレビト〉に繋がる手掛かりも残している。〈マレビト〉が祭祀空間に登場する表象イメージに関しては、『琉球国由来記』の中でも「神遊びの由来」という説話から窺い知ることができる。それは、狩俣の祭祀「ウヤガン」の起源を語る記述で、「髪ヲ乱シ白浄衣ヲ着シテ、コウツト云フ葛カヅラヲ帯ニシテ、青シバト云葛ヲ八巻ノ下地ノ形ニ巻キ、冠ニシテ、高コバノ筋ヲ杖ニシテ右ニツキ、青シバ葛ヲ左手ニ持チ、アヤゴヲ謡ヒ」とある。実際、ウヤガンの最終祭祀である〈トゥディャーギ〉で、神山から「ウヤガン」（祖先神）が村に降りてきて神歌をうたう場面と一致する。その時の様子は、木の葉で作った球形の冠で頭部と顔の半分を隠し、右手には聖木の葉を束ねた手草を持ち、左手には上部に葉を残した木の杖をついている。つまり、近年の狩俣の「ウヤガン」の姿かたちは明らかに仮装草荘神の姿であり、『琉球国由来記』の神話時代から変わらずに伝承されているわけである。

この狩俣の「ウヤガン」の由来として語られる「神遊び」の由来の神は、祭祀において女性が神懸り、神人合一の状態になることを指し示している。その際、ウヤガンを司る神女の頭には草木が巻かれており、アメノウズメが「天香山の小竹葉手草に結いて」（『古事記』）*10と記されているような〈神話的時間〉が再現される。それは、仮装草荘神が顕現する神事芸能を奉じる時空間でもあった。ここで重要なことは、神話的モティーフの構造分析ではなく、この〈マレビト〉の儀礼も「神迎え」・「神遊び」・「神送り」といった手順を踏んで、神人交歓の祭祀空間を演出していることである。言い換えれば、「祭祀儀礼」を非日常的な〈ハレ空間〉として機能させるために、手続きとして「神遊び」を行うことで御嶽の聖性を高め、御嶽の祭祀空間である〈アシビナー〉（遊び庭）を創り上げるといったプロセスを踏襲している。その証拠に、狩俣の「ウヤガン」では、「ウシデーク」（臼太鼓）という〈神遊び〉が神行事の中で繰り返される。記紀神話でも、アメノウズメが天石窟戸で「楽」（あそび）をしたという伝承説話があり、狩俣の「ウシデーク」の芸能には神話的な普遍性があると指摘できよう。この芸能は、女性たちが小さな太鼓をたたいて踊りつつ巡るものであるが、この〈神遊び〉の芸能の型を分析していくと、結果として、アメノウズメの芸能モティーフが「元型」（アーキタイプ）として浮び上がってくるのである。

③八重山諸島における「大津波」の神話的機能

琉球弧の中でも八重山諸島には、「兄妹始祖洪水神話」が数多く残されているのが特徴である。これは、兄妹の関係にある一組の男女が、何らかの原因でその土地にたどり着き、その土地の始祖となるという神話である。これらの神話には数種類のバリエーションがある。例えば、波照間島に兄妹始祖の創世神話が残されており、「火災」という外的要因が重要なキーワードとなる。その「火災」を誘発した〈油雨〉については、その理由を人々が非行背徳を重ね、その罪に神が怒ったためとする伝承が前提にある。その際、神は信心深かった兄妹を洞窟に隠して「白金の鍋」で覆ったとする伝承、そして〈油雨〉の後に更に「火災」が起こり、島を焼き尽くしたとする伝承もある。これは波間島の五集落のうち、ひとつだけ離れている冨嘉集落に伝えられている創世神話である。この言伝えが、冨嘉集落が島の起源の部落とされることの根拠となっている。他の事例を見ると、鳩間島に伝わる同種の創世神話では、「大津波」が襲ってきて鳩間中森に登った兄妹のみが助かったというモティーフが残されている。「大津波」というモティーフは「火災」とは異質な要素にも見えるが、神話テクストの構造からすれば、〈天災〉のバリエーションとして捉えられよう。このように先島諸島の創世神話には、「火災」「大津波」「兄妹始祖」「再生」などといった主軸となるモティーフが含まれている。その中でも創世神話に纏わる「大津波」のモティーフは、琉球弧においては八重山・宮古諸島に広く分布している……と大林太良も指摘している[*11]。

これらを踏まえ、琉球弧や日本列島に見られる創世神話を区分する上で、神話学者ヴァルクが東南アジア地域の神話研究において展開した類型が適用できることに着目した。ヴァルクが提唱した「兄弟始祖洪水神話の四類型」の理論とは以下の通りである。

① 〈原初洪水型〉…一面の大海に小島ができ、始祖となる兄妹が降臨するもの。
② 〈宇宙争闘洪水型〉…これは雷神と地神の闘争で洪水がおき、小船に乗って生き残った兄妹が始祖となるもの。近親婚により、血だらけの塊が生まれ、それが人類のもとになったというモティーフである。
③ 〈宇宙洪水型〉…ここでは洪水の原因は不明瞭で、やはり小船などで生き残り漂流した

兄妹が始祖となるもの。双生児が生まれ、人類の始祖になるのが特徴である。

④〈懲罰洪水型〉…これは洪水以前にも人類が存在したが、神により道徳的懲罰として洪水が起こるというもの。②の〈宇宙争闘洪水型〉の前半を変形したものと考えられ、同じルーツから分岐した可能性があると言える。

それに従えば、琉球弧の中でも八重山諸島にある波照間島では、創世神話が〈懲罰洪水型〉に属している。また琉球王朝神話のアマミキョ・シネリキョについては、〈原初洪水型〉の説話であると分類できよう。そして大和王権神話のイザナギ・イザナミの場合は〈原初洪水型〉の形態を基盤にしつつ、〈宇宙争闘洪水型〉の「生み損ない」のモティーフが混ざったものであると区分できる。

このように琉球神話のルーツをたどる際に、ヴァルクが提唱した「兄弟始祖洪水神話の四類型」の視点を導入すると、八重山諸島の創世神話にはある重大な手掛かりが隠されていることに気づく。その手掛かりとは「大津波」のモティーフである。このモティーフは一七七一年に起こった「明和大津波」[*12]という天災とも重なり、古来より民衆間に伝承されてきた創世神話の変容に多少なりとも影響を与えたと思われる。八重山諸島において神話的モティーフである「再生」と重なるのが、大津波の被害が深刻であった小浜島から、壊滅状態であった石垣島の宮良集落へ強制移住が行われた……という史実である。これらの集落は飢餓や風土病という苦境の中で復興が――、すなわち「再生」が為されたのである。

このように小浜島と石垣島宮良の関係を密接に結びつけることになった「明和大津波」は、八重山・宮古一帯にわたる先島諸島において、一七七一年（明和八年）の新暦四月二四日午前八時頃に起こった大地震に端を発した。まもなく両群島の島々村々を大津波が襲った。大津波は三度も繰り返し、古文献『大浪之時各村之形行書』からは、波の高さは最大八五メートルにも達したことが読み取れる。当時の様子について、その文献には下記のような内容が詳らかに記録されている。

明和八年（一七七一年）旧暦三月十日の午前八時頃、石垣島に大地震があった。地震が止むと直ちに東方海洋に雷鳴のような大轟音があった。間もなく異変的に大干潮となった。島民はこの異変的な現象に驚き騒いでいるうちに、意外にも、東北、東南の海岸から黒雲のような大波が、天に沖して石垣島に三回猛襲してきたのである。瞬時にして島は有史以来、未曾有の修羅場と化したのであった。大浪の高さは、最初は二八丈（約八五ｍ）次に二〇丈（約六〇ｍ）、十五丈（約四五ｍ）というように襲来したとのことである（牧野清『八重山の明和大津波』自費出版、一九六八年、参照）。

この明和大津波がもたらした影響は計り知れなく、石垣島宮良では新たな御嶽信仰が生まれるに至った。大津波が起こった一七七一年の時点で、壊滅状態であった石垣島の宮良集落へ小浜島から強制移住が行われた。移住した島民が「小浜御嶽」を建てたのである。この小浜御嶽は呼び名が〈クモーオン〉であり、小浜島の北集落の照後御嶽の分神を祀ったものと言われている。したがって、小浜島の移住者たちが石垣島宮良に小浜御嶽を建てて、御嶽分祀をすることとなった経緯、つまり、この「明和大津波」という歴史的惨事について触れなければ、小浜島の御嶽信仰を基盤としている民俗芸能「ダートゥーダ」の由来は説明できないということに気づく。事実、宮良集落に伝わる秘祭である〈アカマタ・クロマタ〉は大津波後に小浜島から伝播したと言われており、祭祀芸能への影響力が計り知れないことが分かろう。神話と史実の挟間に生きる〈マレビト芸能〉を探るには、「明和大津波」の神話的機能が世界観に与えている影響について触れなければなるまい。これに関しては、第四章第三節の「マレビト芸能における神々のイメージ」の項で持論を展開するので、ここでは割愛する。

第二節　祭祀空間における〈トリックスター〉的存在
——琉球弧に出現する「神遊び」空間論

1　サルタヒコとアメノウズメの芸態モティーフ

アメノウズメノミコト（天宇受売命）は、天照大御神が天岩窟《あまのいわや》に籠った際に神楽を奉じ、再び大御神が現れて平和な世を迎えることに貢献した神として知られている。天孫降臨の際は、

御嶽の遊び庭(小浜島)

サルタヒコと最初に対面し、後には大神ともに伊勢に赴き「媛女君《さるめのきみ》」の称号を受けたことからも、サルタヒコの図像を探求する上で、アメノウズメは切り離しては考えられない。とりわけ記紀神話においては「猿」をキーワードとして、サルタヒコの「猿」、そしてアメノウズメの子孫とされる「猿女君」など、「猿」という呼び方が一種の〈トリックスター〉的存在であることを示しており、アメノウズメが〈芸能の神〉とされている点との関連性が注目される。『古事記』にはアメノウズメがシャーマスティックに描写されている場面があり、神楽、技芸、鎮魂の祖神として崇められる所以となっている。その神話観が、実際に神祭りにおける歌と踊りの中で〈俳優《ワザオギ》〉*13として再現されてきたのである。このように祭りの場において神と人とが時空間を共有し、「神遊び」を行うことで、来たる年に備えて、いのちの力を神から授けられる。その喜びを身体で表現したのが、歌や踊りの発生の姿である……と考えることができよう。

祭祀で奉じられる芸能は、〈俳優〉と呼ばれているように神話的芸能とされ、記紀神話で語られる芸能の起源として考えられてきた。琉球弧においても、〈俳優〉は、結願祭（キィツガン）・豊年祭（プーリ）・旧盆・ジルクニチなどの祭祀空間にて再現されている。その聖域空間である御嶽の〈アシビナー〉（遊び庭）では、太鼓を伴った芸能「ウシデーク」が催される。これは、琉球弧の村落共同体で育まれてきた女性の円陣舞踊である。沖縄本島全域および周辺離島に分布しており、「ウンジャミ」（海神祭）や「シヌグ」など、神祭りの直会《なおらい》の機会に奉納されることが多い。この「ウシデーク」という名称は、九州にある風流系芸能「臼太鼓」に由来すると考えられている。かつて村落に生まれた女性は一定の年齢になると「ウシデーク」に参加したことから、女性の加入儀礼としての意味も持っていた。村落の女達はこの芸能を演じることで〈アシビナー〉（遊び庭）を浄化して「ハレ」の空間へと昇華させ、「ケ」（秩序）から「ハレ」（混沌）へと空間が移行する儀礼的手続きを実践していたのである。

琉球弧の中でも天岩窟伝説の残る伊平屋島では、「神遊び」の聖空間が現在も存在する。祭祀の日、神々が「ノロ」（祝女）と呼ばれるシャーマンに乗り移り、神々が降臨する場である〈神アサギ〉で踊りだす。先も触れたが、神アサギの周りは広々とした〈アシビナー〉（遊び庭）で、四季折々、さまざまな神事の歌舞が「神遊び」として執り行われる。その「神遊び」の空間は、箱庭の空間と似ている。それ故に「風土臨床」の立場からすれば、琉球弧の風土は、癒しのイメージを与えるだけでなく、現実に「癒しの空間」として機能しているのである。「神遊び」とダイナミックに結びついた〈アシビナー〉の意味がそこにはある。「神遊び」という〈神々の性行為〉が、大和語の「あそび」の本来の意味が導かれるように、この地に記憶されている「神々の性的祭礼」が点在している。
〈神遊び〉を性的祭礼として捉える場合、アメノウズメノミコトが芸能を奉じるイメージ、即ち「胸乳《むなじ》を露し、裳帯《もひも》を臍《ほぞ》の下に押し入れ」とある場面が重なってこよう。これはシャーマンが神懸りする時の所作である。逆髪を振り立て、目は異界を睨み、地面を激しく両足で打ち鳴らしながら跳躍したという。これは『古語拾遺』におけるモティーフであるが、神懸りしながら舞い踊る芸能神「アメノウズメ」に相応しい表象である。アメノウズメは踊りながらトランス（憑依）状態に入り、神懸りした時に、胸乳《むなじ》と女陰《ほと》を露わにし、その所作を見て神々の笑いを引き出し、ついには天照大御神を引き出すことに成功した……という筋書きである。この描写は『古事記』『古語拾遺』において次のように語られている*14。

「天宇受売命、天香山の天之日影を手次に懸けて、天之真折を鬘と為て、天香山の小竹葉を手草に結いて、天之岩屋戸に汗気伏せて、踏みとどろこし、神懸為て胸乳掛き出で、裳緒を蕃登に忍垂れき。（『古事記』）」
「猿女君の遠祖天鈿女命は、則ち手に芽纏の鉾を持ち、天石窟戸の前に立たして、巧みに俳優《ワザオギ》す。（『古語拾遺』）」

前記に抜粋した『古語拾遺』には、アメノウズメは巧みに〈俳優《ワザオギ》〉し、歌舞を行ったと明記されている。この海の女神の踊りの上手さは、海の波や渦の陶酔やうねりを想起させ、果てし無い踊りや波のリズムによる眩暈の生起を彷彿とさせる。すなわち、それはエクスタティックなまでの官能的な芸態へと貫かれている。このような描写は、神憑かることで変身する「トトヒ」（鳥霊）の力をアメノウズメもサルタヒコ同様に保持していることを暗示していると言えまいか*15。つまり、この世とあの世を繋ぐ能力を持っているという神話的機能が読み取れる。芸能及び演劇の起源は祭儀（神事・神楽）にあり、この事を証明しているのが〈俳優〉という言葉である。〈俳優〉の本質は「変身」であり、まず第一に「神懸り及びその儀礼・所作」を意味し、第二に「服属の誓い及びその儀礼・所作」を意味する。

一方で『日本書紀』においては、〈俳優〉の起源がホスセリノミコトの芸能にあるとされ、「兄（火酢命）着犢鼻《タフサギ》して赭《ソホニ》を以って掌に塗り面に塗りて、その弟（火折命）に告して曰《モウサ》く、吾れ身を汚すこと此の如し。永《ヒタフル》に汝の俳優者たらん。及ち足を挙げ踏行みて、其の溺れ苦しめる状を学ぶ。」と描かれている*16。ここで記述されているように、宮門を守るための「神態《カミワザ》」の立振る舞いとして、手や顔を赤く塗り、激しく足踏みし、剣を振るっ

宮古島野原の棒ふり

たりした芸態が、芸能において仮面を被り、棒を振り、反閇を踏む舞いとなった……という解釈が生じたわけである。サルタヒコもホスセリノミコトと同様に、火と関係した〈太陽の神〉の性格を持ち、八衢を守護する神であることから、神事芸能において、『日本書紀』に見られるような〈俳優〉が神話的所作として振舞われても不思議はない。

このように記紀神話には、〈俳優《ワザオギ》〉が芸能の起源であると語られている。神話に記された芸能は、人間が「神態《カミワザ》」として物真似することに始まって、後に、神が憑依しやすい身体を持っているシャーマンが宗教的芸能者として「俳人《ワザビト》」と言われるようになる……という経緯を辿った。それ故に、祭祀芸能と深く関係する神であるサルタヒコとアメノウズメミコトの〈俳優〉は、神話的モティーフをシャーマニズムの視点から考察する上で不可欠なキーワードとなる。琉球弧の「マレビト芸能」の原型を解明する手掛かりを提供してくれる。

そもそも〈アシビナー〉（遊び庭）という聖空間において、祭祀芸能に携わる村人は男女を問わず〈俳優《ワザオギ》〉を演じる「俳人《ワザビト》」であった。彼・彼女らが聖なる空間で演じる舞踊は、流星のごとく一瞬の光輝でしかない。それ故に現在も無形文化財として着目されているわけだが、長き時間にわたって繰り返しゝ伝承していこうとする「俳人」の情熱こそが、急激に衰退し消滅していく「マレビト芸能」の運命を左右している。一度は伝承が途絶えた仮面芸能「ダートゥーダ」も、その例に漏れない。そのような琉球の祭祀芸能の中でも、神話的情景を彷彿とさせる「巻踊り」は、まさにアメノウズメ的な芸態原理を呈している。全ての者を踊りの渦に巻き込んで、開放する身心の消尽である。そこでは死者も生者も、見る者も踊る者も、全ての境界が泡のごとく消滅し融合していくという〈聖空間〉が創生される。宗教学者の鎌田東二が「聖地は性地である」というように、〈聖空間〉は〈性空間〉であり、性的絶頂を表わす「脱魂」、すなわちエクスタシー（ecstasy）は、性は聖なるものへの通路（チャネル）であるということを示唆しているのであろう。まぐわり、うねり渦巻き、絶え間ない変容に静かにざわめく空間が出現する。渦巻く空間、つまり芸能者達の「渦目」の中において、憑霊（ポゼッション）するといった意識的変容が促されるのである。

芸能の女神とされるアメノウズメノミコトは、その呼称の一部である〈ウズメ〉からも想像できるように「渦目」と深く関連している。民俗学者の谷川健一も、ウズメの「海蛇女」（ウズメ）は海蛇を指すと述べているが、海蛇と渦との形態的類似や隠喩関係を考慮すれば、「渦」は文字通り海の渦であり、ウズメと海の関係は密接であることが明らかである。海上彼方への「ニライカナイ信仰」が根強く残っている琉球弧において、海の渦と関わりがあるアメノウズメの芸能の原型を表象するのが、「巻踊り」と捉えても間違いではなかろう。宗教学的な視座からすれば、生と死、そして再生と循環する輪とも解釈できよう。このようにアメノウズメの神話的モティーフは、記紀神話で〈芸能の起源〉であると語られるだけでなく、琉球弧の祭祀空間の原風景にも見出すことができ、その根底には「祈り」や「祭り」があることをもう一度思い起こす必要があろう。特に〈神遊び〉の芸能は、御嶽にある〈アシビナー〉（遊び庭）と呼ばれる空間で行われるが、「マレビト芸能」にはその土地〉に根付いてきた人々の「祈り」と「祭り」が脈々と息衝いているのである。

ここまでサルタヒコとアメノウズメノミコトに関係した〈俳優《ワザオギ》〉について見てきたが、いずれの場合も「神懸った身体技能」を自然のダイナミズムと重ね合わせた芸態表現が中心となっている。それが「神話と祭祀の語り」と渾然一帯となった時、「マレビト芸能」は演者と村衆を一体化しつつ、「神話と祭祀の時間」に包み込んでいく……という祭儀的構造を呈していることが理解できよう。「祭り」を民俗学的見解から描写すれば、儀礼を行いつつ祭祀芸能を奉納することで個々人の肉体と精神を清め、時空間が「ケの状態」（日常空間）から「ハレの状態」（非日常空間）へと移行する。その瞬間こそが〈神話的時間〉であり、参加者全員が一体化するという精神的営みが「マレビト芸能」の本質である……と捉えることが出来まいか。

2　琉球弧の芸能空間「アシビナー」とアメノウズメノミコト

「あそびは、祭りの一部で、神楽は即ち神遊びであった」*17というように〈あそび〉とは、日常の仕事をやめて何かを演ずることをいう。したがって、それは神事とも重なるわけで、琉球弧では〈神遊び〉*18という語が現にそのような意味で使われている。〈あそび〉の本義は、日常でない〈ハレ〉の空間にて行為することで、先に述べた「性的祭礼」の要素が強い。記紀神話の中に見られる「あそび」とは、琉球弧の祭祀と同じような情景を持つ〈神遊び〉であるのか、若しくは、本来的な意義の〈遊び〉なのかは判別できない。しかしながら、アメノウズメノミコトの「楽《あそび》」や天若日子の喪屋での「遊《あそび》」の例などから、歌や踊りや飲食を伴った宴の情景が想像できる。民俗学的には、このような原風景に宗教的祭儀を加味した芸態を〈あそび〉と称するのであれば、琉球弧の「神遊び」や「毛遊び」[*19]も、その範疇に入るのではないかという仮説が成り立とう。

アメノウズメノミコトが天岩屋戸で「楽《あそび》」をしたという神話的場面は、琉球弧の「ウシデーク」（臼太鼓）においても、その原型が見られる。そもそも「ウシデーク」という〈あそび〉は、女性たちが小さな太鼓をたたいて踊り、「巻踊り」の形態をとっている。それらを分析していくと、そこには何れにも共通する特徴的な所作の原型が見られる。例えば、狩俣の祭祀「ウヤガン」での「ウシデーク」は、時を経ても神行事の中で繰り返され、時は未来へ向かうのに、祭りは常に原初に立ち返る。この「ウシデーク」という〈神遊び〉は、本質が「始源への回帰」にあるようである。つまり〈神遊び〉の中で、祓いの言葉を歌いながら村落の人々と渦巻く軌跡を描くことは、自らの出自の再確認であるとともに、祭祀で土地の絆を再生することでもある。

神遊びとしての〈巻踊り〉は、宮古島の「ウヤガン」に限らず、石垣島白保や新城島を始めとして八重山諸島各地で見られる。波照間島の「プーリン」（豊年祭）では、「パヌファ」と呼ばれる祭祀集団が祈りを捧げた後で、クバの葉を頭に巻いて踊る〈巻踊り〉が村民らによって奉納される。特に富嘉《フカ》の集落では、普段は立ち入ることの出来ない阿底御嶽の神秘的な雰囲気の中、〈巻踊り〉が繰り広げられる。また石垣島白保の踊りでは、円形の舞踊が時計と逆回りに渦巻くのが特徴であり、徐々に環がキリキリと小さくなっていき、最後には蜘蛛の子を散らした様にパッと拡散するといった形式をとる。そして最終段階では、「巻踊り」が高揚して女性による乱舞へと変容するのである。そのエロティークの極絶感に達する芸態からは、正に「ケ」（秩序）から「ハレ」（混沌）へと空間が移行するのが見て取れよう。その際、女性の頭にはアメノウズメノミコトのようにクバの葉（またはマーミンガー）が巻かれており、神懸り時における〈神人合一〉のエクスタシーからもたらされた群舞の美的要素として感取することができる。

二〇〇一年に調査した石垣島宮良の「イタシキバラ」でも、村番所（オーセ）の庭で巻踊りが奉納されていた。『慶来慶田城《ケライケダグスク》由来記』に拠れば、昔は「神遊び」という祭礼が二ヶ月以上も行われ、村人総出で「トゥニムトゥ家」[20]から始め、各家を巡って祝儀を催したという[21]。その間に田畑が新芽で荒れて土地が肥え、耕地して稲を播くと翌年が豊作になったという伝承から、豊年祈願の神事には、神々と人間が交流して供物で饗宴するというコスモロジーが発展し、〈巻踊り〉が奉じられるようになったという。とりわけニールマイ（ニール人）が訪れるという信仰がある石垣島宮良、小浜島においては、「アカマタ・クロマタ」[22]の訪いわざとして〈神《カン》ジラバ〉が唄われた後、神送りの際に〈巻踊り〉を演じている。このように神遊びは、神事歌謡、寿祝、祝詞などで集団芸能である〈巻踊り〉として執り行われた。その情景からは、神人共に非日常空間を共有する芸態が垣間見ることができまいか。農民の豊年に対する祈願心理から派生した「アヨー」「ジラバ」[23]などの歌謡と、巻踊りが融合することで芸態の原型ができあがり、更に獅子舞、ミルク芸能、棒踊り系芸能が伝播してきて付加され、その結果、祭祀空間が現行のような形になったと考えられよう。

　琉球弧の〈巻踊り〉について描写してきたが、この〈神遊び〉は、共同祭祀の場を母胎として生成された神事芸能として感受できよう。かつての村落共同体の宇宙観が表出されている芸態を見出すこともでき、また民俗心性から自立した神事芸能として生成されていく過程をさかのぼることもできる。このようなアメノウズメの「渦目」を連想させる〈巻踊り〉、即ち「渦目」のメタファーとしての「巻踊り」が琉球弧には存在している。それは日常とは逆の所作で「鷹巻き」（逆巻）という〈怪異な踊り〉であり、祭祀が最終段階を迎えると乱舞へと変容する。この乱舞は、本田安次の民俗芸能論においては芸能としては扱われない。だが、乱舞のような〈乱舞形式〉[*24]と呼ばれる踊りがあり、別称「ゾメキの芸能」と呼ばれ、踊り・三線・歌で賑やかに騒ぐ〈歌遊び〉を指している。沖縄本島においては「カチャーシー」があるが、八重山諸島や奄美諸島では「六調《リクチョウ》」がそれに該当し、宴席の終幕に登場して乱舞を伴うのが特徴である。「六調」の語源は判然としないが、一説には三味線の音程を六調にして甲高く歌うことに由来しているという。このように一定の振りを持たない〈乱舞形式〉の本質は、芸能の始源を彷彿とさせるものであり、琉球弧をはじめ、本土全域、アイヌに至るまで息衝いている。琉球弧各地には「八重山六調」をはじめ、徳之島の乱舞形式の一つである「奄美六調」や、沖永良部の「モーヤグァ」などが点在している。総じて〈乱舞形式〉の奔放さを鑑みるに、原始的共同体に伴う諸儀礼には歌舞は必須のものであり、そこに芸態の原型があると思われる。それ故に〈乱舞形式〉のルーツこそが、村遊びの原初のかたちとは言えないであろうか。それを踏まえれば、神遊びである〈巻踊り〉の直後に、村遊びである〈乱舞形式〉を演じることで、祭祀空間の霊威《セジ》を下げ、ハレ空間をケ空間へと戻して祭りの幕を引く――というメカニズムが浮び上がってくる。

民俗芸能研究家の佐藤善五郎は、「全く別のもの、それでいて一脈通じ合うもの、それこそが乱舞形式の所以であったことを改めて知らせてくれた。乱舞といわず〈乱舞形式〉（あるいは乱舞脈、乱舞系とも）というのは、乱舞そのものと区別するためである」*25と持論を展開している。確かに、乱舞を芸能の一形態として分類できるルーツはある。それは、奈良時代以降に宮廷行事「新嘗祭」で行われていた〈乱舞形式〉である……という指摘である。この〈乱舞形式〉は「新穀を天神地祇に捧げ、その穀物によって作られた食撰を分与され生命を永らう儀礼」*26でもあったということで、記紀神話との関連性があると類測できる。つまり、琉球弧の「六調」には確かに近世歌謡の影響が見られるが、それを受容する以前には、「新嘗祭」的な原始共同体の祭祀構造があったことが、琉球弧の〈神遊び〉の芸態から推測できよう。

宮古島の野原《のばる》では、男達の「棒ふり」の演舞の後で、女達が「クイチャー」*27という輪踊りを披露する。最後は「カチャーシー」（乱舞）で締めくくる。これらの一連の芸能は、旧暦八月の十五夜に行なわれる「マストリヤー」*28で演じられる。穀物を完納したことを喜び、神に感謝し、来る年の豊作を祈ったのである。同島の新里《あらざと》の豊年祭でも、男たちの「棒ふり」があり、女たちの手踊りが行われる。最後は、東西に分かれて綱引きを行い、「ユガフ」（世果報）の再来を願い、「クイチャー」と「カチャーシー」（乱舞）で終わる。

琉球弧に残る〈乱舞形式〉のものには、その際、「びんたたら」のような神唄が謡われるケースがあるが、それは大きく足を踏み込んで髪が乱れ、激しく舞踏せずにはいられないほど、激情的な歌であったとされる。〈びん〉は髪で殿上人たちのヘアスタイルであり、〈たたら〉は、踏鞴でフイゴを指し、大地に足を踏みつける跳躍を示している。これは騎馬民族の呪法舞踏である「ダッタンジジン」を連想させ、タタラ踏みの一連の神話的所作がエクスタシーと脅威を呼び起こす。このように芸態の始源的な形である〈乱舞形式〉の「六調」、「カチャーシー」などを見ると、あらためて歌舞一体の共同体祭祀を感受できよう。歌と舞の合流によって引き起こされる一体感の中に、芸能の美学が生成されたのであろう。歓喜の歌の旋律と躍動的肢体の波動が加わる時、芸能は歌舞一体・歌舞一心の境地に達し、祭祀空間の力学的な美が作り出される。神事芸能の発生が歌舞の一心一体感にあったということを、〈乱舞形式〉から読み取ることができよう。

マストリャーのクイチャー（宮古島野原）

注

＊１「ニライカナイ」とは海の彼方にある異郷を指し、生老病死や豊作も凶作もあらゆる善悪、文物はそこから来ると言われる。ちなみに「後生」（グソー）とは、死んだ人が行くと思われている世界で極楽浄土とは異なり、この世と何ら変わらない世界であるとされる。ただし、「後生」は成人が死んだ場合だけで、子供が死ぬと「ニライカナイ」へ帰ると信じられている。つまり、子供は「ニライカナイ」から再びこの世へやってくる……という構図が観念的に成立している。

＊２「神遊び」とは神事の歌舞であり、神を喜ばせ、豊穣をもたらすために奉納する歌や踊りのことを指している。特に有名なのが久高島の祭祀「イザイホー」で、かつては一二年おきに行われ、祭祀舞踊としての古い「神遊び」の形が残っていた。また、琉球弧で行われる豊年祭（プーリー）の中にも「神遊び」が見られ、とりわけ八重山諸島で催されている。

＊３「祭祀文芸」とは、祭祀歌謡が文字化されて語り継がれているものである。そもそも祭祀歌謡とは、「ある一つの神祀りの場で、神祀りに関わる者たちによって歌唱される、その祭祀に特別に関係付けられた歌謡」と定義されている。（波照間永吉「八重山歌謡の形態」『弧琉球叢書４　南島祭祀歌謡の研究』砂子屋書房、一九九九年、六三六頁参照）

＊４『おもろさうし』とは沖縄最古の歌謡集で、一六世紀から一七世紀にかけて琉球王府が、沖縄や奄美の島々で歌われてきた歌謡を収集したものである。全二二巻からなり、一五五四首が収録されている。「おもろ」あるいは「思（うむ）い」は、古い歌謡を意味し、祭祀の際に流れていたと思われる〈儀礼歌〉や〈神歌〉と言うべき祭祀文芸が大半を占め、これに合わせて簡単な所作や舞踊を伴ったとみられるものが多い。（琉球新報社編『沖縄コンパクト事典』琉球新報社、二〇〇一年参照）

＊５「御嶽」の創建にまつわる神々は、様々な神格を持っている。「アマミキョ・シネリキョ」のように「御嶽」によっては、海上の他界から訪れる〈来訪神〉的機能を備えているケースがある。〈御嶽の神〉について仲松弥秀は「村を愛護する祖霊神・島立神・島守神と祝福をもたらすニライカナイの神・航海守護神」と分類している（沖縄タイムス社編『沖縄大百科事典』沖縄タイムス社、一九

八三年)。特に仲松は〈御嶽の神〉として、海上彼方のニライカナイから子孫を見守る「祖霊神」を中心に論考を進めている。「御嶽」は祖先の墓所であり、また、偉人その他を葬ったところであり、故にそこには人骨が埋められている……という見解をとっている。確かに『琉球国由来記』には、人間を葬ったところが後に人々の尊崇を集めて「御嶽」となった……という由来の記されたものもある。だが、その由来は、必ずしも人間の葬所に関わるものだけではない。波照間永吉は、『琉球国由来記』の御嶽創建の由来を綿密なフィールドワークによって調査し、仲松の御嶽起源説には注意すべき問題がある……と喚起している。実際、「御嶽」にまつわる神の機能も由来譚によって異なり、航海守護の神であるとか、豊饒をもたらす〈来訪神〉であるとか、多種多様なパターンが存在する。

*6『中山世鑑』に拠れば、琉球の開闢神であるアマミキョ(阿摩美久)の造った〈国始めの九御嶽〉として、国頭辺戸の「安須森」(アスムイ)、今帰仁の「カナヒヤブ」、「知念森」、「斎場嶽」(サヤハノタケ)、久高島の「コバウ森」、「藪薩の浦原」(ヤブサツノウラハラ)、玉城の「アマツヅ」、首里城内の「首里森」「真玉森」(マダマモリ)が列挙されている(上原孝三「沖縄の御嶽——その聖地観をめぐって」『東北学6号——南の精神史—』東北芸術工科大学東北文化研究センター、二〇〇二年、一六八頁)。このうちの斎場嶽の「サヤノハタケ」(=セイファーウタキ)と久高島の「コバウ森」(=クボーウタキ)は、琉球王権の成立とともに、王権祭祀の二大祭場となった。

*7 琉球弧では、「御嶽」(ウタキ)と呼ばれる聖域内の拝所に隣接した祭祀広場が併設される。その空間は祭祀の際には〈アシビナー〉(遊び庭)として機能するわけであるが、その他に集落内と御嶽の間に「トゥン」(殿)や「神アシャギ」(神アサギ)と呼ばれる祭祀場を設ける場合もある。

*8 前盛義英「宮良村における御嶽信仰——「山崎御嶽」に関する一考察」『八重山文化論集 第二集』八重山文化研究会、一九八〇年、三一一頁参照。

*9『琉球国由来記』は、一七一三年に首里王府が編纂した。一八世紀初頭の琉球の事象、特に信仰・祭祀については、記述に濃淡はあるものの、琉球のほぼ全地域の祭祀をカバーしており、一級の資料とされる。首里・那覇の記述は第一・五・七・八・九巻に、それ以外の地方は第一二～二一巻に纏められている。記述形式は基本的に二種類あり、御嶽・神社を列挙し、その後に「年中祭祀」の

項で殿（トゥン）・アシャギ・火の神などの拝所を掲げ、そこでの祭祀とそれに関わる事項について記述するものと、御嶽・神社・殿・火の神（ヒヌカン）などの拝所を列挙し、その後に年中祭祀などが記されるというものに大別できる。

＊10アメノウズメミコトの動態は『古事記』を始め『日本書紀』『古語拾遺』において、以下のように各々記されている。

「天宇受売命、天香山の天之日影を手次に懸けて、天之真折を鬘と為て、天香山の小竹葉手草に結いて、天之岩屋戸に汗気伏せて、踏みとどろこし、神懸為て胸乳掛き出で、裳緒を蕃登に忍垂れき。（『古事記』）」（鎌田東二『ウズメとサルタヒコの神話学』大和書房、二〇〇〇年、一六〇頁参照）

「猿女君の遠祖天鈿女命は、則ち手に芽纒の鉾を持ち、天石窟戸の前に立たして、巧みに俳優（ワザオギ）す。（『日本書紀』）」

「天鈿女命をして真辟葛（マサキノカズラ）を以って鬘と為し、蘿葛（ヒカゲ）を以って手繦（タスキ）と為さしめ、竹葉と飫憩木（オケノキ）の葉を以て、手草（タクサ）と為し、手には鐸著（サナギツ）けたる矛を持たしめて、石窟戸（イハヤド）の前に誓槽覆（ウケフネフ）せ、庭燎（ニワビ）を挙して、巧に俳優作し、相与に歌ひ舞はしめたまはな、と曰したまひき。（『古語拾遺』）」

＊11大林太良編『日本神話の比較研究』法政大学出版局、一九七四年参照。

＊12一七七一年（明和八年）の新暦四月二四日、石垣島の東南海域でマグニチュード7・4規模の大地震が起こり、それにともなう大津波が宮古・八重山諸島に押し寄せ、人命・財産に甚大な損害を与えた。古文書『大浪之時各村之形行書』によれば、遭難死亡行方不明者は総計九、三一三名と言われ、当時の八重山の総人口は二万八、八九六名であるとされていたので、三二・二二％に該当することになる。この「明和の大津波」は震源地から西北方へ激しく押し寄せたが、石垣島から竹富島の東方海上にのびる厚い珊瑚礁の帯によって大きくブレーキをかけられた。宮良集落を襲った津波の経路は諸説からシュミレーションできる。①宮良川の凹地点を伝って「スーリ山」を切り崩して名蔵湾にながれ、西海岸に注いだ軌跡。②石垣島の東南から海岸づたいに、白保、宮良、大浜、

平得、真栄里の五集落を襲い、更に、登野城、大川、石垣、新川の四集落をも破壊して、名蔵、屋良部を流した軌跡。以上の二つのルートを想定した仮説が主流である。

＊13 「ワザオギ」に関しては、鎌田東二の見解では二つの定義がある。第一に「神の霊を招き、わが身に振り付ける技態」である。そして第二に、「神霊漂着、即ち神懸かりの技態が擬態化して芸術的な所作・身振りとなった」としている。（鎌田東二『ウズメとサルタヒコの神話学』大和書房、二〇〇〇年、三〇頁）

＊14 鎌田東二『ウズメとサルタヒコの神話学』大和書房、二〇〇〇年、二九頁参照。

＊15 同上、二五頁参照。

＊16 黒島精耕『小浜島の歴史と文化』自費出版、二〇〇〇年、一七〇頁参照。

＊17 民俗芸能論の学祖である本田安次は、大和芸能における「あそび」の由来を琉球芸能の「神遊び」に求め、以下のような宮古島の伝承に着目している。

「往昔狩俣村東方、島尻当原に、〈豊見赤見テダナフラ真主〉という天女が住んでいたが、懐妊して一腹に男女の子を産んだ。男子は狩俣の氏神になったが、女子は〈山フセライ青シバノ真主〉と呼ばれ、十五、六歳の頃、…（中略）……行方知れずになった。そこで狩俣村の女共は年に一度宛、大城山に集まり、このフセライの祭りを行なった。これが島中に広がり、ヨナフシ神遊と云って、毎年十月より十二月まで月に五日宛、諸村のよき女共が、精進潔斎し、山のフセライのように装束して、昼中は野山に閉籠り、晩景には諸村根所の、嶽々に馳せ集まり、臼太鼓のように立備え、神アヤゴとて謡い、世ガホウを願い、神遊びをしたという。」（本田安次「成立と発展」『沖縄の芸能』邦楽と舞踊出版部、一九六九年、七〇頁参照）

＊18 本田安次は狩俣での民俗芸能の調査において伝承を採取し、祭祀の際に女子が神懸りして行方知れずになった場景が、次のように伝えられていたと記している。「髪を乱し、白浄衣を着て、コウツという葛かづらを帯にし、青シバという葛を鉢巻の下地の形に巻き、冠にして、高コバの筋を杖に右につき、左手には青シバ葛をもち、神アヤゴを謡い、我は是、世のため神になる由をつげて大城山に飛揚り、行方知れずになった。」（本田同著、七〇頁参照）

＊19「毛遊び」（モーアシビ）とは琉球諸島の習慣で、若い男女が月の良い晩などに、集落から離れた原野や海辺に出て集まり、円く中央を囲んで急調子の三線や手拍子に合わせて、乱舞形式に踊るものをいう（本田同著、七五〜七六頁）。「モー」は野原の意味で、「辻（アジマー）遊び」とも言う。この非日辻は古来より村の境界を表した、村落の掟から自由な交際の場というニュアンスを持ち、この非日常空間で結婚の相手を見つけることも多かった。歌垣や踊りの伝承という意味で、「毛遊び」の果たした役割は大きいと思われる。

＊20「トゥニムトゥ」とは集落で〈宗家〉を意味していた。竹富島の事例では、「御嶽の氏子の総元帥であって、神山の祭りの執行責任者でもある。神山を創建し、集落を創立した神々の家系で世襲している」（崎山毅『蟷螂の斧』錦友写植刊、一九七二年、七六〇頁参照）という。ちなみに石垣島宮良集落の「トゥニムトゥ」は東成底家である。

＊21　宮良賢貞『八重山芸能と民俗』根元書房、一九七九年、一七〜一九頁参照。

＊22「アカマタ・クロマタ」とは、「ニライカナイ」からやってくる一対の神で豊穣の神とされる。仮面仮装神で頭頂の草飾りまで含めると三メートルを越す姿形で、小浜島、新城島、石垣島宮良の豊年祭に登場し、赤仮面のアカマタ・黒仮面のクロマタが、神歌に合わせて手にした棒を打ち振る所作を行う。西表島古見では白仮面のシロマタも登場する。男性祭祀集団による秘密祭祀で、民俗学の研究対象としては限定性が付きまとう。（波照間永吉「沖縄八重山の仮面・仮装の神々」『芸術文化学叢書1　沖縄から芸術を考える』榕樹書林、一九九八年、七四頁参照）

＊23「アヨー」「ジラバ」は八重山諸島の民謡で、三線を用いない祭祀歌である。日常の生活や祭りなどで歌われるほか、民謡が舞踊化されるなど、舞台芸能との関係も深い。一方で三線を用いた民謡には、労作歌「ユンタ」と「節歌」がある。

＊24「乱舞形式」とは、琉球弧各地で行われるテンポの速い即興の踊りとその音楽を指す。もともとは急調子の六調の音楽のみを「カチャーシー」と呼び、踊りの方は「アッチャメー小（ぐゎー）」と称した。現在も宴会の座興など、様々な機会に行われ、三線に太鼓、指笛や歌、手拍子に合わせて一人ずつ、あるいは対になったりしながら次々に踊っていく。尚、カチャーシーは〈掻合（かち

や）ぁしゅん〉（かきまぜる）から派生した言葉で、「乱舞形式」の一形態として捉えられる。

＊25 佐藤善五郎「乱舞論―奄美六調、沖縄カチャーシーの源流」琉球新報、一九八七年一二月一八日日刊参照。

＊26 佐藤同著参照。

＊27「クイチャー」は宮古の方言で、声（クイ）、合わす（チャース）が語源であるというのが一般的な解釈である。宮古島の伝統的な芸能で、集落など地域で独自の踊りがあり、新築祝い、五穀豊穣から雨乞いまで幅広く踊られる。円陣をつくり、踊り手の半数ずつが交互に歌を掛け合い、足を踏みならして手を高々と挙げて踊る。

＊28「マストリャー」は一七一六年の「スマダティ」（村建）の頃から行われていたとされる。納税のとき、穀物を『升取屋』と呼ばれる升元に納めていたことに由来すると考えられている。「野原の棒ふり」は、三尺棒の棒踊りで、金具付きの三尺棒を五人一組で打ち合う。それが終わると、女たちが、四つ竹とクバ扇で手踊りをして、祭場を盛り立てる。

第三章
琉球弧におけるマレビトの図像
――マレビトの「仮面／仮装、芸態」をめぐるイメージ論

古来より、サルタヒコは『日本書紀』において文化的英雄であるのをはじめ、多くの天狗伝説や天狗信仰をもたらし、神格化されてきた。サルタヒコは後に天狗の姿と重ねられるが、烏天狗の名に集約されるように、鼻の長大な天狗は天と地とを媒介する鳥としても図像化されている。漢字で表記すると〈猿田彦〉であるが、音読みの「サルダ」は琉球語（ウチナーグチ）の「サダル」であり、サルタヒコの起源は琉球弧にも存在する……という見解もある。例えば、宮古島狩俣で行われる「ウヤガン」（祖神祭）の「サダル神」とサルタヒコは同じ神であるという説がある。このサルタヒコを祀る神社は、黒潮と対馬暖流の潮の流れに沿って点在すると

指摘されている*1が、天狗のシンボルである棒を使った芸能「フェーヌシマ」（南島踊り）も同様に黒潮の流れに沿って分布図をとっている。このように、サルタヒコという異装神の痕跡は、様々なかたちで琉球弧からも抽出できる。

谷川健一の仮説によれば、サルタヒコの起源は沖縄の「先導・先駆け」を意味する語「サダル」と結びついているとし、宮古島の先導神サダルとの関係性に着目している。琉球弧においては〈サル〉という琉球語は「太陽が輝く」という意味であり、サルタヒコが太陽神であることとの深い関係を見出せる。また天狗像のイメージについてもサルタヒコの図像や修験道のコスモロジーの影響があったことは確かであり、奈良時代以降に発達した修験道にちなんだ天狗といえば、その姿かたちの原型は烏天狗に近かったようである。したがって、烏天狗のような仮面芸能「ダートゥーダ」においても、鼻高面に、急調子の太鼓など、猛々しく精ちな舞い姿が、サルタヒコの芸能の基本となると推論し、本章を展開したい。

迦楼羅面に似たダートゥーダ

第一節　マレビトの身体論

――マレビト芸能の仮面／仮装、杖、団扇

1　マレビトの仮面／仮装イメージ

天狗の風貌は、赤顔長鼻で白髪を垂らし、山伏の服装をして高下駄をはき、手には羽団扇、または八ツ手風の葉っぱの団扇を持つと一般にイメージされている。しかし、こうした天狗像は比較的成立が新しいとされ、むしろ各地でグヒン、山の神*2、大人《おおひと》、山人などと呼ばれているように、天狗は元来村里とは別世界の山中に住む異人、すなわち「マレビト」として考えられていたようである。天狗は強い力と激しい感情をもち、出産の荒血《あらち》など不浄を非常に嫌うほか、空中を自在に飛翔すると言われている。これらの特徴は、山中を自在に駆け、背が高く眼光が鋭いという山人をモデルとし、〈山住みの生活者〉のイメージを反映していると考えられる。それ故に天狗が顕現するとされた山域において、一定の通り道や聖域があると考えられた。また室町時代以前の天狗といえば、「山神＝鳥」というイメージが強く、大天狗の風貌よりもトビに似た外見をしており、天狗の原形は烏天狗に近いイメージが持たれていた。古来より〈鳥〉は、日本書記に登場する熊野のヤタガラス（八咫烏）の説話からも導かれるように、熊野地域の〈神の使い〉として知られている。それから派生して「烏天狗《からすてんぐ》」という神像が定着

し、烏のくちばしや羽を持ち、神通力を持つと想像されたのである。それ故に、隠国である熊野はこの世と異界の境でもあって、烏は侵犯した者には怪異をもって知らせたという伝承が成立したのであろう。

これらを踏まえれば、天狗のフォルムの起源は、鴉面である「迦楼羅《かるら》面」が想定できる。確かに、鴉が棲まう山岳は、天狗信仰においても聖地〈トポス〉として欠かせない場所であった。然るに天狗イメージはサルタヒコや修験道と結びつけられるのであるが、何れにしても、鴉面の迦楼羅に近い天狗像が原初の形であったと考えられる。しかし一般的に烏天狗は大天狗の家来であるため、その図像はユーモラスであったり、子供のような体躯であったりする。そして烏天狗の性格面に対するイメージは、どちらかといえば「狡猾さ」の側面が強調されるが、一方で山神として崇められる善神的側面として、「烏に反哺《はんぽ》の孝あり」＊3という良い義での故事もある。善悪が表裏一体となったアンビバレントな神的存在として、民衆に捉えられていたことが分かろう。

ところで〈天狗〉という名称は、数少ない文献的な手掛かりとして『日本書紀』舒明天皇九年の条に見ることができる。それによれば、雷音を発して飛んだ流星を中国の知識で〈天　狗《あまつきつね》〉と呼んだことに発し、日本の霊的存在としての天狗とはまったく異なる。民間用語としては〈天白《てんぱく》〉とか〈天ぐう〉〈天ぐん〉などと呼ぶ。修験道の山では善悪両面をもつ天狗を奥院にまつり、大魔王尊と呼ぶところがある。特に有名なのは京都北山の鞍馬山で、天狗の絶大な除魔招福の霊力を、畏怖とともに信仰祈願する者が絶えない。牛若丸（源義経の幼名）

に武技を授けた天狗としても人々に畏敬されているが、ここに修験道の棒術との絡みが見受けられる。

何れにしても天狗は、日本人の霊魂観に依拠した霊的イメージとして様々に具現化され、庶民信仰の対象となった。異界から来る「マレビト」であり、その信仰が絵画、彫刻、神事芸能においても表現され、口承伝承や民間文芸の主題にも取り上げられるに至った。このような天狗に対するイメージは、原始的な神霊観に支えられているので善悪二面性があるが、山岳宗教の修験道によって、信仰対象や芸術、芸能、文芸に取り入れられて体系化されたのは間違いない。それ故に天狗のイメージは、山伏の姿というような印象が一般的に持たれているのである。この山岳信仰の世界観に拠れば、天狗の原型は山神山霊と怨霊といった善悪の二面性を持つとされている。したがって山神である天狗はまず善天狗として崇められ、山の開山たる高僧や行力ある山伏に服属して、守護霊であるとともに使役霊となって諸国を弁ずる護法善神と考えられた。しかし一方で山神山霊には荒御魂《あらみたま》があり、暴風雨を起こし、怪音を発して人をさらうと信じられたので、これが天狗に投影されて悪天狗としての畏怖心も生まれたのである。

以上のように、天狗のイメージは修験山伏という境界人をモデルとしており、彼らが住んだ山岳は、邪神邪霊・邪鬼や、神霊の使いである動物の棲む魔所として怖れられていた。こうした魔所に入り込んで修行した修験者は、これらの邪鬼や動物霊と闘い、それを降伏させ自己の命ずるままに使役する力を体得した……と信じられたのである。役小角《エンノオヅヌ》が大峰山において前鬼・後鬼を使役したとの伝承などは、こうした験力を体得したと想定された修験者のイメージを示していよう。更には修験者自身がこうした魔的な神霊の力を持つ超自然者に変身し、天狗として顕現したとも捉えられたのである。天上や地下の他界との境界である山岳において修行する修験者は、境界的な性格を持つ宗教者として捉えられている。山伏を天狗として畏怖する天狗信仰はこれを基盤としている。すなわち山伏は、半ば人間で半ば鳥の姿をした烏天狗であるとされ、天上や地下の他界と、この世の人間の仲介を務める境界人と捉えられていたのである。「来訪神であり異人でもある」という神人合一的なイメージは、まさに「マレビト」的な存在として捉えられていたと言えよう。

　このように修験道が天狗像を醸成した背景となっていたことを鑑みれば、〈天狗〉＝〈山伏〉というイメージが成立してきた原因として二つの筋道が浮び上がってくる。一つ目は、修験者たる山伏は、修行の苦行精進の結果として山神と同体化（即身成神）し、超人間的験力《げんりき》を得ていたと民衆に畏怖されてきたことである。ここに〈山神〉である天狗と山伏を同一視する道筋が見える。二つ目は、修験道の山岳寺院では、正月の修正会《しゅしょうえ》や三月の法華会、六月または七月の蓮花会などの法会に延年舞が行われ、その際に

験力を思わせる所作

山伏や稚児が天狗仮面を着けて演じていることである。実際に神楽、田楽、舞楽、伎楽、散楽などの中でも、最も頻繁に用いられた仮面こそが、悪魔を払うと信じられた天狗面と鬼面であった。〈山神〉の化身的霊物としての性質は、天狗も鬼も同じであり、それらを模した両仮面の起源はともに伎楽面にあることで共通している。その伎楽面から派生した天狗面には、毒蛇を食べるという梼楼羅《かるら》面と、伎楽の先払いとして魔を払う治道《ちどう》面がある。梼楼羅は鴉面、治道は鼻高面なので、烏天狗と鼻高天狗という二種類の天狗の図像化が起こったのである＊4。なるほど、修験道の祭祀の際、演者の服装は山伏装束であり、これらの天狗面をつければ、〈天狗〉＝〈山伏〉という天狗の図像イメージが成立する。来訪神であり異人でもあった山伏の容姿は、「マレビト」の図像として庶民信仰の中に溶け込んでいったのである。

2　琉球弧にみえるマレビトの〈杖〉と〈団扇〉

サルタヒコの起源を琉球弧の「先導・先駆け」を意味する語「サダル」に結び付け、宮古島の先導神サダルとする説があることは先にも述べた。谷川健一によれば、サダル神とは「ソバアギ」とも呼び、「ウヤガン」（祖神祭）にあたって、祖神を先導し道案内する神を指す……と指摘している。手に〈杖〉を持って、地面を叩き、赤い頭巾を被って祖神を道案内する。神の〈杖〉は呪具の棒と崇められ、魔物退治の霊力を備えた聖なる棒とされる。先導役が地面を浄化する霊力を用いる……という信仰観が窺える。この先導神の名でもある「サダル」という語は「先駆け」を意味する日常語として現在も用いられているが、言語学的には「サダル」が「サダ」となり、「サルタ」となって、「サルタヒコ」という神妙名に転化したというのである。確かに、サルタヒコは先導神として信仰を集め、後には天狗の姿と重ねられて〈山の神〉として広く崇められることになった。その図像は烏天狗の姿かたちをとることが多く、鼻の長大な天狗は天と地とを媒介する鳥としても表象された。この奇神サルタヒコの原像が宮古島に残されているという説を発端として、その検証をめぐり、にわかに琉球弧とのかかわりが注目されている[*5]。

このような、狩俣の先導神の風貌と天狗神サルタヒコの関係に触れた「サダル」説をはじめとして、琉球弧において、天狗像を想起させる事例が各地の祭祀や伝承の中で見られる。その中でも『八重山島緒記帳』（一八世紀初期成立）は〈山の神〉と思しき存在に触れているが、これは「島中奇妙」の項に記された話である。猪狩りに出かけた在番奉行の内衆であった大和の侍が、ヌタ田にあらわれた二、三百頭の猪の群れに遭遇し、その中でもひときわ大きい猪の上に乗った、「髪は禿にて金磨之鎧を着し」た男に睨みつけられ、驚いて家に帰る途中で病を発して間もなく死んでしまった……というものである。ここでは「禿」姿の神が描かれているが、豪華な鎧を着しているところからすると、大和系統の荒ぶる神の姿を想像したのであろうか。ただ「白髪白髭の翁」の〈眼力〉とサルタヒコの眼神としての能力、そして「禿」姿の神とサルタヒコの風貌、この二点のイメージが類似していることは興味深い。

また八重山の事例では、牧野清が著した『登野城村の歴史と民俗』[*6]に収録されている説話にも、山神の図像を見ることができる。この中に「神様が見えた話――新城コヤマ天川御嶽神司」という伝承があるが、これは戦後すぐの頃の話として語られたものである。その中には「昨日の正午頃、自分の家から何心なく天川御嶽の方を見ていると、拝殿の壁のそばに北に向かって、長いまっ白なあごひげを垂らした老翁がひとり立っていた。白い装束で右手には杖をもっていた」とあり、その後、その姿は御嶽のイベの入口あたりで忽然と消えたという物語である。これらは、民俗の想念、つまり、島人の想像した山神の姿かたちであった。更に例を『琉球国由来記』の別の巻に求めると、巻十一の普天間宮の由来を語った「普間山神宮寺」の「普天満山三所大権現縁起」にも〈忽然遇一老翁〉とあって、老翁が夢にも現れて「賜汝預物」と託宣する話がある。この〈老翁〉が深く関わる普天間宮は、熊野権現を勧請して沖縄本島中部に鎮座した社であるが、〈老翁〉の異貌の姿がサルタヒコの図像イメージと類似している点は着目に値する。

琉球弧の「マレビト」のイメージは、〈山の神〉の姿を祭祀芸能という具体的な場面でどのように表象しているのか……。それは八重山諸島の祭祀で、来訪神の姿かたちを見てみると明らかになってくる。その姿は、確かに現在の祭祀に引き継がれており、神事芸能においてもサルタヒコのような老翁の姿が見受けられる。事例を挙げるならば、本稿第二章で触れた竹富島の種取祭（タナドゥイ）においても見られ、ここに顕現する神は、『アマンチ』という演目のキョンギン（狂言＝演劇）の中で演じられる神の姿である。その演目は、村を訪れ、村の頭役に五穀の種子を授け、栽培法を伝授するという内容である。この劇の中心に位置するのが来訪神「アマンチ」で、立派な服装の白髭の老人という出で立ちをしている。更に石垣市四ヶ字の豊年祭の「村プーリィ」に登場する翁も、神の姿が類似している。豊穣を占う綱引きに先だって行われる「チィナヌミン」の儀礼で、五穀の種子の入った籠を持つ稚児を従えて東方から現れる。その容姿・扮装は、白眉・白髭で、白い頭巾を被り、黒い着物を着け、左手には青竹の杖をつき、右手には広げた扇子を持っている。これらの事例のように、老翁の風貌として語られる神は、先に掲げた『中山世鑑』以来の神話伝承であり、老翁の神の表象がサルタヒコと合致しているものであることを知らしめる。

名護市嘉陽の旗頭(豊年祭)

第二節　マレビトの神話的芸能
——来訪神の棒踊りと修験道的所作

1　棒踊りにみる「マレビトの神話的芸態」

マレビトの芸能を想起させる〈杖〉を使った踊り——即ち棒を振り、打ち合いながら踊るという棒踊り系芸能は、記紀神話と結びつきが強い南九州だけでなく、琉球弧各地でも見受けられる。琉球弧においては、このような棒踊りを「フェーヌシマ」と呼ぶ所が多い＊7。「フェーヌシマ」とは〈南ヌ島〉と表記する通り、南島踊りのことを指しており、その踊りは日常とは逆の所作を含む〈怪異な芸能〉とされる。三浦昭二は、日本本土（大和）の棒術芸能は近世に起源したものであり、〈棒の手〉は修験道と深い関係のもとに成立したと説き、〈棒〉を神聖なるものとする意識があったと指摘する＊8。事実、祭祀芸能で見られる棒踊りの所作は、神話世界を再演しているような非日常的な妖力を感じさせる。サルタヒコの〈杖〉が図像に残されていることからも明らかなように＊9、〈棒〉は神話的な呪具として機能している。

このように神聖な〈棒〉を用いる「マレビト芸能」が、サルタヒコの〈杖〉を彷彿とさせる芸能を含んだ「フェーヌシマ」である。この棒踊り系芸能は、琉球弧各地に残っている。例えば石垣島では、新川集落で「南ヌ島カンター棒」が行われているという記録があり、また宮良集落でも「マー棒」と呼ばれる棒踊り系芸能が残っている＊10。ちなみに大和の神楽においては、舞人が手にとる杖、鉾などを〈採りもの〉というが、それを手にしている演者には神が憑依し、舞いの内容や性格がより明解になるという役割を担っている。つまり鉾をもった舞いは邪気悪霊を払い、杖の舞いは地中の悪霊を鎮め、祭場を清らかにするという呪術的機能を果たしているというのである。

〈棒〉に対する信仰は、宮古島下地町の「棒振り」にもあるとされる。村人は棒踊りに象徴される〈棒〉に魔物退治の霊力が込められていると信じ、打ち込み、払い除け、地面を力強く踏みながら跳躍するといった芸能を演じる。このような所作は、沖縄本島にある名護市嘉陽の「フェーヌシマ」でも共通しており、「豊年祭」（七月遊び）という祭祀の中で演じられる。とりわけ興味深いのは、大和の山伏の持つ〈錫杖《シャクジョウ》〉の形は長い棒の先に金環をつけたものであるが、北中城村熱田の「フェーヌシマ」にも同様の〈錫杖〉が使用されており、この類のものは「悪魔を寄せ付けない魔よけの棒」として機能していることが分かろう*11。また、石垣島川平の結願祭にあらわれる根来神「マユンガナシ」が持つ「ダディフ木」も、悪魔をはらい天地を浄める〈魔除の木〉とされ、神人の杖を意味すると言われていることも興味深い。これらの棒踊り系芸能は、踊り手が出場するとき、全員が棒を地面に突く芸能があるのだが、これは「地霊を呼び覚ます」という儀礼的所作であるとされており、記紀神話の要素が強い南九州の棒踊りとも共通している。

「フェーヌシマ」の語源である〈南の島〉の意味する通り、南方から琉球弧に伝播されたという言い伝えに、その芸能の名前の由来がある。来訪者や異人が行き来する港のあった読谷村長浜から、各地に伝播したとされる。フェーヌシマは服装といい、踊り方といい、奇妙な存在として知られ、まさに「マレビト芸能」の概念と合致する。近年、長浜からほど近い儀間集落に伝承されており、護佐丸の時代、長浜港に来た人々によって、この踊りは南方から伝えられたと考えられている。与那国島から八重山、宮古、沖縄本島にわたって散在し、その芸能も多様である。現在も、沖縄本島には一一芸能、宮古諸島には三芸能、八重山諸島には四芸能が伝えられている*12。現在、フェーヌシマを継承しているところは、沖縄本島内では那覇市安里、北中城村熱田、読谷村儀間、北谷村、恩納村仲泊、名護市辺野古、名護市嘉陽、金武町伊芸、伊江島西江上の九ヶ所に限定されている。

読谷村長浜には港跡があり、一五世紀の中頃に護佐丸が港を開いて、南方との貿易を盛んにしたと言われている。当時は南方との貿易で、人とモノが行き来する拠点として栄えていた。護佐丸は、読谷平野を見渡せる座喜味の高台に城を築いて移り、この地域を治めた。今では世界遺産となった座喜味城は、様々な文化と芸能が伝来する文化の中心地でもあった。その近くにある長浜港には交易船が行き交い、琉球の大交易時代を支え、唐船が来るたびに路次楽《るじがく》の行

名護市嘉陽のフェーヌシマ

北中城村熱田のフェーヌシマ

読谷村儀間のフェーヌシマ

列が行き交っていたことが想像できる。

フェーヌシマの原型は、沖縄本島・北部に残されている。この地域に伝わるフェーヌシマは、旧暦七月から八月に行われる「豊年祭」で奉納芸能として演じられる。名護市嘉陽や恩納村名嘉真では「バンク」(仮設舞台)での奉納芸能が始まる前に、銅鑼の音とともに魔除けの獅子が出てきて、旗頭を先頭に「道ジュネー」(道巡り)に繰り出す風景が繰り広げられる。豊年のことを「世果報」と書いて「ユガフ」と呼ぶが、穀物を収穫したことを喜び、神々に感謝し、来たる年の「ユガフ」を願って「マレビト芸能」が演じられる。

このように、異人としての「マレビト」(来訪者)によって伝承されたフェーヌシマであったが、棒踊りの芸態からは、棒という聖具の他にも、サルタヒコにまつわる芸能と結びつくような所作があることに気づく。八重山諸島の石垣島新川に伝承される「南ヌ島カンター棒」では、円陣をなして激しく打ち合って踊るといった形態をとるが、特に着目したいのは、背中に〈八ツ手風の葉っぱ〉を背負って神舞いを踊ることである。これは天狗の持つ〈団扇〉を連想させ、南九州修験道と結ぶ要素を垣間見ることができる。そして、伊江島の「ペンシマ」(南島)という棒踊りでは、踊り手全員が〈仮面〉という聖具を被っているという異様な風景が繰り広げられるが、南九州へ目を向ければ、知覧町迫・瀬戸山(鹿児島県)の棒踊りでも先払い役が天狗面の者を被っている*13。このように棒踊り系芸能では、神や精霊の依り代となる〈団扇〉や〈仮面〉を使用するものが圧倒的に多いことが分かろう。なぜなら〈団扇〉や〈仮面〉は神霊の宿る祭具であるがために、演じ手が芸能の所作を繰り返すうちに、気分が異常に高ぶり、〈脱魂〉や〈憑依〉を引き起こしやすいと考えられたからである。このような祭具は、神々の依り代としての〈人身〉に活力を与え、演者に宿る「霊魂」（マブイ）[*14]の働きを活性化すると信じられてきたのであった。したがって、「マレビト芸能」に登場する仮面神は、それを演ずる青年達の魂によって顕現するものと解釈されたのである。とりわけ「アカマタ・クロマタ」のような秘密祭祀の場合は、〈霊威《セジ》高さ〉といった霊的能力を畏怖する者だけが、「俳人」（ワザビト）として秘祭組織に入ることが許されたこともあったようである。それ故に、神懸ったような祭祀空間が生々しく再現されるのであろう。

復元された交易船（読谷村）

座喜味城址

伊江島のペンシマ（村踊り）

また、棒踊り系芸能で特有の「反閇《へんばい》」の所作が、フェーヌシマでも繰り返される。それは民俗的呪法の跳躍所作「ダダ」と同じ型であり、修験道と深い関係を持っていると考えられている。確かにフェーヌシマは、南九州の棒踊り系芸能とも類似している。琉球弧と南九州の接合点に位置する加計呂間島の長浜集落では〈諸鈍芝居〉（ショドンシバヤ）が伝承されているが、その中の「ダットドン」（座頭殿）という狂言は、「クタワ節」などの歌の系譜、踊る仕草からサルタヒコの跳躍運動を連想させる＊15。「マレビト芸能」を探る上で、〈諸鈍芝居〉がフェーヌシマと同様に貴重な存在であると目されるのは、その発祥の地が奄美大島における南の玄関口に位置して、南九州の大和系芸能と琉球弧の棒踊り系芸能とを繋いでいるからである。それ故に、これらの棒踊りは、黒潮の流れに乗って大和文化と琉球文化が溶け合って醸成されたものであり、「マレビト」のイメージを抽出する上で貴重な足跡になると言えるのである。

以上のように、地面を踏みしめて跳躍する激しい踊り、錫杖ふうの棒などが、南九州系の棒踊りと類似している要素であり、記紀神話における神々の芸態を捉える上で重要であろう。フェーヌシマの影響が大きい「ダートゥーダ」の指差しも、シバサシやサカキサシと同様に木の枝を地面にさせばその土地が聖化される……という信仰から派生し、木の棒の霊力を身体で表現した芸態であるとされる＊16。言い換えれば、指差しという〈動的〉な呪術芸態によって、この世における悪霊や疫病を払い除け、村人の健康安全を祈願する呪術的儀礼と考えられよう。実際に、琉球弧の民俗芸能の中でもフェーヌシマは、棒術に最も近い〈動的〉な芸態をとり、呪術的な身体動作によって神話的空間を演出しつつ、身体そのものを〈異人〉として表現してきた。このような芸能は、儀礼的性格と芸能的性格の両面性を秘めており、霊力、呪力の観念にインスピレーションを得た肢体運動であると言える。それ故にフェーヌシマは精神世界に脈づく鼓動をリアルに体感でき、ユーモラスで怪異な側面を出しつつ、マレビトの訪れた空間を創出できるのであろう。

そしてフェーヌシマのような棒踊りの基本芸態が〈修験者〉と関係が深いとされるのは、三浦昭二が愛知県内の棒術について触れた通り、棒踊りには「打つ棒で天地の魔を切り払う」という作用があると信じられているためである*17。棒術をする者は修験の心得があるのは至極当然のことであり、また逆に修験をする者は棒術の心得があるとも言い換えることができる。フェーシマは〈棒踊り〉か〈棒術〉か……という議論もあるが、その中でも武術に近い〈棒踊り〉の形態をとるものがあり、研究者によっては棒を使った武術、すなわち〈棒術〉と見なす芸能も数多くある*18。いずれにしても、マレビト芸能である「ダートゥーダ」は〈棒踊り〉に属すると思われるが、そこに顕れる〈烏天狗神〉は、修験道の行者の神格化したものを表象している……という仮説がここに成り立とう。記紀神話と結びつきが強

指差しの呪術的芸態

い南九州にも修験道が発達していることからも、記紀神話をモティーフとした「サルタヒコの神話的芸態」は、〈修験道〉をキーワードとして、琉球弧から南九州修験道へと結ぶ「海上の道」で繋がっている。更に、修験道の中心地である熊野へと、黒潮の流れに沿った道が拓けてくる。特に黒潮の流れが、サルタヒコを祀る神社と棒踊り系芸能の分布図をなぞっていることが、マレビト芸能としての「ダートゥーダ」の謎を解く手掛かりとなるのである。

2　琉球の祭祀歌謡から導かれる修験道的芸態

琉球弧の烏天狗神「ダートゥーダ」の芸態を論じるには、シャーマニズム[19]を基礎とした〈修験道〉の視点が欠かせないことが明らかになってきた。その修験道の起源は、古くは『日本霊異記』に役小角《エンノオヅヌ》が「鬼神を駈使い、得ること自在」と記されていることに端を発し、修験者は仙術を使う仙人であるといったイメージで描写されていたことが伺える。この役小角が修験道の開祖と同一視されて〈役の行者〉などと言われ、「毎夜五色の雲に乗って空を飛ぶ」などの天狗伝承に関係した伝説を数多く残しているのである。

では、天狗伝承のルーツである〈修験道〉とは、一体どのようなものなのであろうか。修験道は、古来からのシャーマニズムが大陸の道教・儒教の根底に流れる〈陰陽五行思想〉[20]といったアニミズム的な要素を抽出して融合し、仏教に基盤を置いた密教という位置付けで理論構築した〈神仏混淆〉の宗教形態である。換言すれば、自然のリズムを読み取る〈占術〉に、儒教の倫理観や道教の儀礼様式を取り込んだ結果、アニミズムに忠実な「死生観」を熟成させた宗教形態に昇華した……とも言えよう。そして修験道に裏打ちされた天狗信仰とは、シャーマニズムに思想的基盤を置いた〈動的〉な宗教形態であると言える。琉球弧の烏天狗神「ダートゥーダ」は、〈烏〉＝〈山神〉という構図から、柳田國男のいう「山の神」との関係が深く、天狗信仰の名残りを色濃く反映したものであると推測される。そもそも烏天狗神が〈魔除け〉や〈厄病払い〉の力を持つとされるのは、修験道の山伏がその由来にあったからである。

　その修験道を奉ずる修験者の「峰入り」は、一般には春夏秋冬の四季のそれぞれに行われているが、これも民間の山岳登拝と密接に関係している*21。山岳修行を終えた修験者は、山神を招いて祭りをし、時には憑《よ》りしに託宣させる宗教者として活躍した。例えば、権現と化した修験者が舞う早池峰の山伏神楽、延年の舞などは、本田安次の研究成果からも伺えるように*22、何れも山岳修行によって験力を得た修験者が山霊と化したり、それを使役することを示す神事芸能、すなわち「神楽」なのである。ここで目を引いたのは、修正会の延年の舞が〈結願《ケチガン》〉の日に行なわれるという点である。なぜなら小浜島のマレビト芸能「ダートゥーダ」も〈結願祭〉（キイツガン）に奉納されており、同名の節目においてアクロバティックな奉納芸能を演じるといった共通点は、琉球弧と熊野権現が繋がる貴重な手掛かりとなるからである。

　この琉球弧と熊野地域を繋ぐキーワードである〈結願祭〉とは、小浜島では一年の儀礼を締めくくる行事で、旧暦八月に華やかな奉納芸能がなされる。小浜島の結願祭は年中行事の中で豊年祭と並ぶ大きな祭りであり、旧暦八月の戊亥の日から始まり、翌日の巳子の日には、嘉保根御嶽に設けられた舞台で数多くの芸能が奉納される。今年の豊作に感謝し、来年の五穀豊穣を願って、集落の北と南に分かれて様々な芸能が演じられるのである。この豊年予祝祭では、一番霊威が高いとされる嘉保根御嶽で、ツカサをはじめ氏人が総出して「東り世」（アガリユ）*[23]を祈願し、民俗芸能（棒、太鼓、獅子舞、舞踊、狂言）を奉納する*[24]。

このような祭祀に関わって生まれたのが〈呪祷〉であり「祭祀文芸」であった……と言ってもよいであろう。これが歌謡となると、詩形的に整えられ、一定の音律を獲得し、旋律に乗せられて多数の人によって「聖なる言葉」として謡われることとなる。「ダートゥーダ」が伝わる小浜島にも「アーグ」*[25]や「アヨー」*[26]が受け継がれているが、琉球神話に根源をおく巫歌やナガレ歌が「祭祀歌謡」*[27]として生まれ、神口・神アヤゴ*[28]として伝承されてきた痕跡であるとは言えないであろうか。原始的かつリズミカルな口頭芸術である「祭祀歌謡」が、芸能空間において神話的モティーフを語り、歌に込められた祈りと芸態が一体になることによって神話世界が表現される。小浜島の結願祭の奉納芸能である「ダートゥーダ」にも、鳥天狗神を誘導する時の〈アソツキ〉、舞踊時の呪言〈サンシーヒ〉〈ウキチチ〉といった祭祀歌謡が存在する。これらの歌謡が言霊を発することで、歌舞の呪力と疫病除けの呪言として機能し、マレビト芸能の一つひとつの所作に織り込まれていくのである。

①誘導歌〈アソツキ〉にみえる世界観

では、まず最初に誘導歌である〈アソツキ〉の祭祀歌謡について見てみよう。尚、以下に引用する歌詞については、黒島精耕と杉本信夫の先行研究*29の成果を総括的に考察したものであることを付記しておく。

《アソツキ》

高嶺山カラ　谷底見リーバ[1]
変ランネ　スーリヌ　深サ
タ－ブヌ　花木ヤ　雪ヌ　花ン　咲チョンド
変ランネ　スーリヌ　深サ
布ン　晒（サラ）ショウリ
松金[2]ト　晒（サラ）ショウリ
変ランネ　スーリヌ　深サ

〈アソツキ〉の歌の系譜は、「高嶺山カラ谷底見リーバ[1]」とあるように豊作の予祝を歌った花見歌として機能している。日本本土（大和）においては豊作のための風習として〈春山入り〉があるが、榊やしきみなどの青葉を折って持ち帰り、呪具として飾るという呪術儀礼とされる。すなわち花や青葉は人体に接触させせなくても見るだけで、その生

誘導歌〈アソツキ〉の舞踊（「しまうたフェスティバル97」パンフレットより）

命力を人の肉体に移すことができると信じられていたようである[*30]。熊野の修験道では、先述した修験者の〈峰入り〉や〈花見〉において、草木を見ることでタマフリ（魂振り）をする習慣があり、修験道における山岳信仰とダートゥーダの〈アソツキ〉の誘導歌とに関連性があると考えられる。修験道の儀礼である〈春の峰〉を例に挙げれば、大峰山寺の戸開式は、元来は旧暦四月八日に行われ、修験者は山上の石楠花（シャクナゲ）を手折って下山したが、それが民間の卯月八日の山遊びとなったことと関連している。つまり誘導歌〈アソツキ〉が流れる最中に、数人の女性が木の枝を思わせる〈採りもの〉を持って円陣をつくって踊る場面は、山上において山遊びをした乙女が、花を手折って下山する卯月八日の行事を彷彿とさせるものがある。その証拠に、〈アソツキ〉の歌詞の中の「松金[2]」は女性の名前を指しているという見方が優勢である。したがって誘導歌〈アソツキ〉とそれに伴う芸態は、もともと女性の「性」を「聖」とみなす観念が発祥した熊野信仰の影響を受けていると考えられる。すなわち〈アソツキ〉の世界観が、女性の守護神である熊野権現に基づいており、赤不浄（女性の不浄）を嫌わなかったことを前提とした空間浄化儀礼である……と捉えられよう[*31]。

さて烏天狗神のマレビト芸能へ再び論点を戻そう。誘導歌である「高嶺山カラ　谷底見リーバ」の歌に合わせて、数人の女性が四神のダートゥーダを先導して登場し、一メートル程の棒を持って円をつくりながら踊る。ここで最も注目すべきは、櫓を漕ぐしぐさや手をかざして遠くを見るような仕草をして踊っている姿である[*32]。この所作には〈神迎え〉の意味合いがあると思われ、伴奏楽器はドラ鐘と太鼓の打楽器を用いることで、〈自然のたたずまい〉と〈神々が来訪するリズム〉を重ね合せて表象している。遥か東方海上を拝して、東の彼方から船がやって来るのを見ている……といったモティーフを表現している。琉球弧の中でも八重山諸島には、神女らが謡う「アガリブシィ」（東節）という謡歌があるが、この歌には豊饒を満載した船を幻視している歌詞がある。どの様な船かといえば、船頭のいない船だが米俵・粟俵を満載した船をイメージしており、この船への遥拝の芸態は、舟を漕いで豊饒を乞うことと等価であると信じられている。また類似例として、石垣島新川の祭祀歌謡「神ジラバ」が挙げられ、遥か東方の「ウハラ」（大海原）から「トゥンギヤラ」（神舟）が村落の前方の海浜に着くように招くモティーフがあり、最後に「ゆばなうり」（世ば稔り）と反唱して豊年満作を祈っているといった歌詞が見受けられる[*33]。

　この海上の彼方へ想いを馳せるような所作からは、海上信仰の核となるイメージが窺える。確かに八重山諸島においては神々が棲まう異界を「ニーラスク、カネースク」（沖縄本島ではニライカナイ）と呼び、遥か東方の海上にあると想像していた。太陽や火、生命までもがそこから来るとされた。季節の折目には、ニーラスクの使者が訪ねてきて村落の家々を巡り、富貴、繁昌、健康、長寿、豊穣を授けて予祝してくれる……と信じられていたのである。熊野地域に目を向ければ、海上彼方の異界のイメージは〈補陀洛信仰〉[*34]という形態で残っており、海上信仰で両地点が繋がっていることが連想できる。

　これらを踏まえれば、かつての小浜島の結願祭においては、南集落では烏天狗神「ダートゥーダ」を、北集落では「ミルク神」を奉じていた理由を解明する手掛かりが僅かながら見えてこよう。つまり南集落の人々が烏天狗と関係の深い〈補陀洛信仰〉の要素を含んだ他界観を持ち、一方で北集落の人々が「ミルク神」[*35]と繋がる〈弥勒信仰〉[*36]に準じた世界観を抱くことで、「海上信仰」という単眼的なコスモロジーが重層化されて多義性を持った……という可能性を探ってみる価値はある。驚くべきことに、結願祭で「ダートゥーダ」が奉納されていた嘉保根御嶽(カブニオン)は海の神を祀る聖地であり、海上信仰と烏天狗神の相関関係についての仮説を補強してくれる。

②舞踊時の呪言〈サンシーヒ〉〈ウキチチ〉にみえる世界観

次に〈サンシーヒ〉〈ウキチチ〉の呪言の歌詞[*37]について、芸態と絡めて精神性を抽出していこう。

《サンシーヒ》
　サンシーヒ　サンサン　サンシーヒ
　ヒーチンゴウー　ヒーチンムーヌ
　テーチャン　トルスミ　チャン
　テーチャン　トルスミ　チャン
　スーリヌ　ウンガーセ[3]
　スーリ　ウンガーセ

シーシクム〔4〕　ムチウイ
クワイル　ヒフダミ
クワイル　ダンマミジャ

《ウキチチ》
ウキチチ　ユーマーリナ
サンゲーティ　ニーランョ
シャンクル　シャビラ
天（テン）トーヤー　恐（ウウ）トウラシ　物（ムー）ヌ〔5〕
フーチュ　ネン〔6〕
台湾（タイワン）　沖縄（ウキナワ）ヤ
尾類（スーリヌ）　美（チュ）ラサ

以上のような〈サンシーヒ〉〈ウキチチ〉の呪言に合わせて、ダートゥーダの四神が芸能を披露するわけであるが、棒を巧みに動かしながら滑稽な所作を繰り返す。これは棒をもって飛跳ねる芸態であり、両足をそろえてホップするといった鳥足踊りが演じられ、修正会・修二会における「呪師作法」に由来していると指摘されている*38。

踊る時の呪言〈サンシーヒ〉の「スーリヌ　ウングワンセー〔3〕」は首里の御嶽、「シーシク

呪言に伴なう棒踊り

呪言に伴なう肩車

指差しの芸態
（3点とも「しまうたフェスティバル　97」パンフレットより）

ム［4］」は獅子のことで魔除けを意味している。また〈ウキチチ〉の「天（テン）トーヤー恐（ウウ）トウラシ　物（ムー）ヌ［5］」は天然痘・疱瘡のことであり、当時最も恐れられていた風土病の一つである*39。続く歌詞の「フーチュ　ネン［6］」の部分は風土病のことであると分析されている。

これらを踏まえれば、ダートゥーダの指差しは〈疫病除け〉の芸態を修験道の儀式と重ね合わせていたものではないか……と考えられるのである。一七七一年に起こった明和大津波の大惨事後の忌わしい記憶*40が、悪霊や疫病を払い除け、島人の健康と平穏を祈願する呪術的儀礼と疫神信仰を結びつけた。その結果として、呪術的なマレビト芸能「ダートゥーダ」が修験者を神格化した形で誕生したのではなかろうか。なぜなら大和での修験者という宗教的存在は、「験者」と呼ばれる密教僧であり、平安時代に貴族の間において密教による加持祈祷がもてはやされ、彼等は菅原道真公の霊をはじめとする怨霊の祟りを鎮めることを期待されていた……という歴史的経緯を持つからである。修験者として開基聖宝（八三二〜九〇九年）、相応（九一八年没）などは広く知られているが、彼等は霊山において修行することから山臥・山伏、験力を修めることで呪術的な活動に従事した。中でも特に重要な点は、〈牛頭天王《ゴズテンノウ》〉＊41を祀る「行疫神の祭祀」にも関わっていたことであろう。小浜島の「ダートゥーダ」の祭祀歌謡が、風土病に関するテーマを取り上げていることを考慮すれば、行疫神信仰における〈疱瘡神〉のような異形とダートゥーダ仮面の怪異な姿から、何らかの関係性が見い出せるはずである。これに関しては、第四章第三節にて「行疫神イメージ」をキーワードとして詳細に検討するので割愛する。

再び烏天狗神の芸態へ視点を戻すことにしよう。先程触れた呪言〈サンシーヒ〉〈ウキチチ〉に合わせた踊りが終わると、銅鑼と太鼓に合わせて、棒踊りを繰り広げる。最後に銅鑼と太鼓の合図で、指差しをしながら肩車で出てきて、「ダートゥーダ、ダートゥーダ」と歌いながらアクロバティックな技を演じ、退場するといった構成になっている＊42。太鼓は単に楽器として連打してリズムをとるだけでなく、悪霊を退散させたり、舞手に神霊を憑りつかせたりするための呪具として使われている。このような棒踊りは、急調子の太鼓で棒術的なリズムをつけるが、それは〈自然のたたずまい〉を模したリズムを、人間の身体動作を通して表現したものであると言えまいか。このリズムが「懸かり変わり」の状態へと導き、シャーマニズムでは〈ポゼッション〉*43というが、舞手の仮面と身体に烏天狗神の神霊を召喚するという憑依状態を招くのである。

山岳修行によって〈験《ゲン》〉を修めた密教僧は、シャーマニスティックなリズムを身に着けているが為に、加持祈祷の効果が著しいと信じられた理由はこの点にある。それ故に〈験〉を修めた宗教者は「修験者」と称されて崇められ、然るにその呪力に頼れば、除災招福、怨霊退散などの勝れた効果をもたらし得ると信じられたのである*44。祭祀空間で躍動する来訪神「ダートゥーダ」は、修験者が神格化して表現されたものであり、琉球弧の来訪神（マレビト）と修験道におけるシャーマニズムとの関わりに新たな光を与えてくれる。

注
＊1 鎌田東二編『謎のサルタヒコ』創元社、一九九七年参照。
＊2 折口信夫に拠れば、山の神と天狗の関係に関して次のように述べている。
「山の神から天狗というかたちを分化し、天部の護法神から諸菩薩・夜叉・羅刹神に変化していく」（折口信夫「翁の発生」『折口信夫全集2』中央公論社、一九五五年、三九四頁参照）。
＊3 この故事は、「烏が親に養育された恩に報いるため、子が成長した後、老親の口に餌をふくませ、親の尊い恩に報いる」という麗しい例えである。
＊4 宮本袈裟雄「天狗の系譜と図像学」『天狗と修験者』人文書院、一九九三年参照。
＊5 佐藤善五郎「伊波普猷とサルタヒコ〈上〉」沖縄タイムス、一九九八年二月九日日刊参照。

＊6 牧野清『登野城村の歴史と民俗』自費出版、一九七五年参照。
＊7 民俗芸能の一つである「フェーヌシマ」（南の島踊）は、複数の人数で一組になって演じられ、棒踊りの演舞が入ること、飛び上がる所作があること、奇声を発すること、意味不明の歌詞が歌われる等の特徴がある。「棒術」は組になって三尺棒や六尺棒を打ち合わせる一種の武技であるが、これが舞踊化したものが「棒踊り」であるとされる。したがって、フェーヌシマの芸態分類は棒踊りの一種である……という見解をとった先行研究が多い。この芸能の起源については不明だが、「本土九州地方の棒踊りの影響」と「南方・汎太平洋の影響」、そして「中国の影響」の三ルートが想定される。他方、金城睦弘は、「南方渡来、読谷村長浜上陸説」「日本本土渡来説」の二説がそれぞれの事例をもって確証されてきた…と述べている。
＊8 三浦昭二『まつり』四〇号、まつり同好会、一九八二年参照。
＊9 宇治士公家所蔵の猿田彦大神御神像の軸にある「風に吹かれる猿田彦像」には、衣を風に吹かれて杖にもたれ掛かる容姿が見える（小花波平六氏の言説）。（鎌田東二編『謎のサルタヒコ』創元社、一九九七年、二二一～二二二頁参照）
＊10 宮良賢貞『八重山芸能と民俗』根元書房、一九七九年、三〇頁参照。
＊11 下野敏見「フェーヌシマ踊りはどこからきたのか――起源と伝播を探る　■4」琉球新報、二〇〇一年七月九日日刊参照。
＊12 金城睦弘の「沖縄本島中部の南の島踊――北中城熱田、及び北谷字北谷の事例」によれば、沖縄本島・一三、宮古・二、八重山・四の計一九芸能が存続しているという。読谷村儀間のフェーヌシマは明治期まで豊年祭や旧盆で踊られていたが、その伝承は途絶えた。現存する儀間のフェーヌシマは、名護市嘉陽や恩納村名嘉真の芸態を参考にして一九九二年に復活した。
＊13 下野敏見「フェーヌシマ踊りはどこからきたのか――起源と伝播を探る　■5」琉球新報、二〇〇一年七月一〇日日刊参照。
＊14 「マブイ」とは霊魂のことで、イチマブイとシニマブイの二種類があると信じられていた。イチマブイは生きている人間の霊魂で、一方、シニマブイは死後間もない死者の霊魂であり、双方とも

遊離性や漂着性があると考えられた。（琉球新報社編『沖縄コンパクト事典』琉球新報社、二〇〇一年参照）

＊15 黒島精耕『小浜島の歴史と文化』自費出版、二〇〇〇年、一四一～一四三頁参照。

＊16 同上、一五五～一五六頁参照。

＊17 下野敏見「フェーヌシマ踊りはどこからきたのか――起源と伝播を探る ■1」琉球新報、二〇〇一年七月二日日刊参照。

＊18 「フェーヌシマ」は棒踊りの一種であるが、奄美諸島・南九州に多く見られる「武技」（マーシャルアーツ）としての〈棒術〉と、八重山・宮古・沖縄本島に多く見られる「民俗芸能」（パフォーミングアーツ）としての〈棒踊り〉との明確な境界線を引くのは難しい。板谷徹の指摘の通り、「フェーヌシマは扮して演じるが、棒術や棒踊りは扮して演じない」という点に着目すべきであろう。本田安次の著書『アジアの伝統芸能』では、フェーヌシマを次のように定義している。――沖縄には、与那国島から八重山諸島、宮古、沖縄本島に亘って、南島踊と呼ばれる棒術、棒踊の類いが行われている。二組に分れ、六尺棒、三尺棒、長刀、太刀、槍、鎌、笠などを次々に打合せる。二組に分かれた大勢が同時に打合わせることもある。沖縄本島のもののように、散楽、曲芸の要素の交じっているものもある。――（『アジアの伝統芸能』錦正社、一九九二年（平成四年）、七〇頁より抜粋）。本田に拠れば、これらの芸態をとる一連のものをフェーヌシマと括り、「この踊りは、南島踊と呼ばれ……」と広義での枠組みを当てている。また大城学の定義に拠れば、「フェーヌシマ」（南之島）とは、「複数で演じられ、服装は黒の襦袢に白縁をとり白黒縞の脚絆をしめ、頭は麻を赤く染めた垂れ髪のカツラをかぶり、棒術の演舞が入ること、飛び上がる所作があること、奇声を発すること、意味不明の歌詞が歌われる」等の特徴がある……としている。その定義は、芸態や扮装の共通項から導き出してきている。（大城学「フェーヌシマ系の芸能」、『沖縄文化』第二七巻二号、沖縄文化協会、一九九二年より援用）

＊19 「シャーマニズム」は、シャーマンが神のもとへ訪れる〈脱魂型〉と、神霊がシャーマンに憑移する〈憑霊型〉に分類できる。これに従えば、日本本土では基本的には〈憑霊型〉がゆきわたって

いる。両者の区別は絶対的なものではなく、しばしば〈脱魂型〉から〈憑霊型〉への変化が見られる。その点に注目したM・エリアーデの分析に拠れば、〈脱魂型〉がシャーマニズムの本質であり、〈憑霊型〉は二次的な変容を遂げたものとしている。修験道は〈憑霊型〉のシャーマニズムに裏打ちされた形態であり、修験道の影響が強い祭祀には、仮面芸能が伝承されているといった傾向が見られる。なぜなら仮面に神霊が憑依することで、舞手が神懸った芸態を演じることが可能になると考えられたからである。

＊20 「陰陽五行思想」とは、陰陽の二気が元は同根であった為に互いに交感交合し、地上においては木・火・土・金・水の五原素を生じ、この五原素の輪廻や作用が五行であるとするアニミズム的思想である。『淮南子』天文訓（紀元前二世紀）に拠れば、原初、宇宙は未分化の混沌であったが、その中から〈清明の陽気〉は天となり、〈重濁の陰気〉は下降して地となったと説かれている。古代天文学において重視された〈北斗七星の運行〉に関しては、「北斗の神に雌雄あり。十一月に始めて子を建し、月ごとに一辰を徒り、雄は左に行り、雌は右に行り、五月に午に合うて刑を謀り、十一月には子に合うて徳を謀る」とあって、雄雌と陰陽を重ね合わせて自然のリズムとして解釈していることが分かる。

＊21 土橋寛『古代歌謡を世界』塙書房、一九六八年参照。

＊22 本田安次『山伏神楽・番楽』井場書店、一九七一年参照。

＊23 「東り世（アガリユ）」とは、東方から来たる豊年・豊穣を意味する。

＊24 宮良賢貞同著、一二一頁参照。

＊25 「アーグ」とは八重山諸島のツカサが謡う歌謡であり、神の謡う歌謡として意識されていた。このことから、神託の形式の一つとして歌謡があったことも知らしめる。これらの歌謡は神の「聖なる言葉」であり、みだりに口外されるものではない。したがって祭祀という特別な場面（時・所）と歌謡の目的が定められ、神に成り変わった存在のみが、聖別された時間・空間の中で謡うことのできる歌謡を指す。

＊26 「アヨー」は八重山民謡に分類され、それぞれの島や村落レベルで歌い継がれているものが殆ど

で、譜面化されているものは少なく、時代の流れと共に多くが消えつつある。神前での呪詞・呪祷が唄として発展したのもので、神歌としての機能を持ち、儀礼、祭祀で歌われる。

*27 琉球弧の「祭祀歌謡」は、シャーマニズムと深く結びついている。この特性は、ユタの関わる宗教的な儀礼行為に伴う言語活動ではより明確に現れる。ユタの祈願の言葉はグイスといい、これはオタカベに相当する。これに対して下される神霊の意志をウイシ（託宣）といい、これをクライアント（依頼者）に語るのがハンジである。

*28 「神アヤゴ」もアーグと同様に神の託宣が歌謡としてなされる形態をとり、つまり神の謡う歌謡として意識されていた。『琉球国由来記』の巻二〇―三五項の宮古狩俣の始祖伝承にある話には、ウヤガンの謡う歌は本来「神アヤゴ」であったとある。

*29 黒島精耕『小浜島の歴史と文化』自費出版、二〇〇〇年、一四六〜一四七頁／一七二頁と、杉本信夫「八重山、竹富町調査報告書〈2〉小浜島の古謡：ダートゥーダ」『地域研究シリーズ』二八号、沖縄国際大学南島文化研究所、二〇〇〇年、一三七〜一七四頁を参照。以降の歌詞引用はこれに準ずる。

*30 黒島同著、一四五〜一四六頁参照。

*31 木崎武尊『熊野的領域』講談社出版サービスセンター、二〇〇二年、一〇八頁参照。

*32 黒島同著、一五一頁参照。

*33 宮良賢貞『八重山芸能と民俗』根元書房、一九七九年、六〜七頁。

*34 〈補陀洛信仰〉とは、観音菩薩の浄土である補陀洛世界に往生して、そこに永遠に生きようとする熊野特有の信仰である。その思想に従って、補陀洛渡海をすることで自らの犯した罪・穢れを浄化しつつ、他の人々の罪までをも消し去るという「捨身行」を行った。（木崎同著、六一頁参照）

*35 「ミルク神」とはミロク、すなわち弥勒のことを指すのであるが、琉球弧のミルク仮面は布袋様の顔をしており、日本本土の仏像にみられる弥勒仏とは全くかけ離れた容姿をしている。これは、琉球弧のミルクが日本本土（大和）経由ではなく、布袋和尚を弥勒菩薩の化生とする、中国大陸南部の弥勒信仰にルーツを持つためであると考えられている。ちなみに布袋和尚は実在の人物と考え

られ、唐末期、宋、元、元末期の四人の僧が布袋和尚とされている。彼等は大きな腹を持ち、大きな布袋をかついで杖をつき、各地を放浪した……という伝承が残っている。一二世紀頃の禅宗でこの布袋を弥勒の化身とする信仰が始まり、〈布袋〉＝〈弥勒〉と考える信仰は中国南部からインドシナ半島にかけて広がり、これが八重山諸島にも伝播するといった経路を辿ったと想定されている。

＊36 〈弥勒信仰〉とは、琉球全域に分布する民俗信仰で、弥勒未来仏である弥勒菩薩が、海の彼方から五穀豊穣と幸せを招き寄せるとされている。八重山諸島を中心とする各地に「弥勒踊り」が伝わるが、布袋の扮装をしていたり、行列で練り歩いたり、それぞれの島によって微妙に異なる。弥勒神は、八重山では「ミルク」と呼ばれ、白い大きな仮面をつけた「衆生救済の神」とされる。

＊37 黒島同著、一五二～一五四頁より歌詞を一部加工して引用。杉本同著も参考資料として利用。

＊38 五来重『庶民信仰の諸相』角川書店、一九九五年、一九～二〇頁参照。法隆寺金堂修正会の『呪師作法』には「さて右の一歩をふみ出して、次に左右の足にて、ちゃくちゃくと、三足四足ほどづつ行く、是をからすどりと云う」とあり、鳥足踊りを描写していると思われる。

＊39 黒島同著、一五四～一五五頁参照。

＊40 「明和大津波」に関しては、第二章の注釈＊12を参照。大津波後の〈忌わしい記憶〉とは、ここでは、二次的災害として、津波による耕地の流出、塩害による農業生産の激減、疫病（天然痘）の蔓延などに加えて、人頭税の負担、マラリア地帯への寄人政策（強制移住）などの人災も連鎖的に誘発されたことを指す。

＊41 牛頭天王神は、怨霊の祟りによる疫病を鎮める疫神として信仰された。この疫神に関わる祭として、広く知られているものに「祇園御霊会」がある。この祇園御霊会は、八坂神社所蔵の『山城国愛宕郡八坂郷祇園社本縁雑録』に拠れば、貞観十一年（八六九）に疫病が流行した際、八坂において疫神の祭りが行なわれたが、この折、洛中の男児及び郊外の百姓を疫神の牛頭天王泉苑に送ったことに始まるとされている。八坂には帰化人系の八坂連が祀る天神社があり、そこに祀られている漢神に対して豊穣や祈雨のために殺牛祭神がなされていた。やがてこの神は雷神と結び付けられ、怨霊を鎮める天神と崇められたのである。而して、その祭りが、牛の頭を切り神に供えることから

祭神そのものを「牛頭天王」と呼ぶようになり、怨霊の祟りによる疫病を鎮める「牛頭天王」のイメージが成立したと考えられる。

＊42 黒島同著、一七七頁参照。

＊43 修験道に見られるシャーマニズムは、トランス（恍惚）状態である「脱魂」（他界遍歴・操作）と、ポゼッション状態である「憑依」（憑ける・落とす）の二側面で構成されている。「脱魂」はトランス状態に置いて他界を飛翔したりすることであり、〈役行者が五色の雲に乗って空を飛ぶ〉といった伝承はこれに当たる。一方で「憑依」は守護神霊などを他者に憑依させたり、障礙の原因になる邪神邪霊を巫女などに憑依させ、その正体を暴いて調伏し、障害を除去することなどをする。

＊44「修験者」は、神霊や魑魅魍魎が棲むとされた山岳において修行し、不思議な呪験力を持つ宗教者として怖れられていた。この原型イメージが、多くの災厄が、修験者の呪術宗教的な活動に拠るものであると考えられた所以である。後に、修験者の中には村落に定住する者も現われ、各地域の人々によって崇拝されている山岳において修行したり、神社の別当となってその祭祀を主催することまで担うに至った。このように、山岳と村落を行き来して、加持祈祷や符術などの種々の活動を展開していくこととなった。

第四章
マレビト芸能にまつわる熊野権現信仰
——琉球弧から熊野権現へとむすぶ視線

崎間敏勝の『熊野権現の島』*1 に拠れば、古来より、琉球弧の島々には明らかに熊野権現の信仰*2 があったという。熊野権現とは元来、仏や菩薩が神の仮姿となって現れると説く「熊野本地垂迹説《ほんちすいじゃくせつ》」*3 に基づく信仰で、熊野を発祥の地として日本本土各地に広まった独特の宗教形態である。山岳信仰を根底とした修験道が、天台密教と真言密教の影響を強く受け、仏教要素を色濃く残した熊野権現として民衆に受容された。その結果、「権現さん」の呼称で親しまれて呼ばれるに至ったわけである。琉球弧における熊野権現信仰についての記録は、『中山世鑑』をはじめ、『球陽』『おもろさうし』『琉球国由来記』など豊富な資料にて見受けられる＊4。数ある熊野権現ゆかりの寺社の中でも、波上宮はその代表格であり、『琉球神道記』には「琉球第一ノ大霊現ナリ」と記され、熊野三所権現＊5を勧請したものであると伝えられている。

琉球における熊野権現信仰の起源は歴史的には一三世紀にさかのぼり、当時の琉球王英祖が補陀洛渡海僧＊6である禅鑑を手厚く保護して、浦添に熊野三神を祀る極楽寺を建てたのが端緒であったと言われる。その後も熊野に所縁のある真言密教を基礎とした真言宗が広められ、

熊野の神々が鎮座する山々

熊野速玉大社の御神霊を移す神官たち（御船祭）

熊野本宮大社のあった大斎原（おおゆのはら）

頼重上人が波上宮の護国寺、日秀上人が金武宮の観音堂を次々と建立し、これに沖宮、安里八幡宮、末吉宮、識名宮、天久宮、普天間宮を加えた八社が「琉球八社」*7と総称して呼ばれるに至った。更に『琉球八社縁起由来』には、南海山権現は「八重山三所権現」と記され、祭神は波上宮と同じ紀伊国熊野三大権現を歓請したもので、本宮は伊装囲尊《いざなみのみこと》、左は速玉男尊《はやたまのおのみこと》、右は事解男尊《ことさかのおのみこと》の三神を祭り、建立時は「大明万暦四十二年申寅九月吉日」と記されている。また別に例を『琉球国由来記』に求めると、巻一一の普天間宮の由来を語った「普天間山神宮寺」の「普天間山三所大権現縁起」にも「忽然遇一老翁」とあって、老翁が夢にも現れて「賜汝預物」と託宣する話がある。この普天間宮は、熊野権現を勧請して沖縄本島中部に鎮座した社である。

このように修験道と大きく関わりのある熊野権現の流れが、琉球弧各地にも見られる。柳宗悦の「古日本の鏡としての琉球」という言説からも示唆されるように、琉球と熊野をむすぶ神々を芸能から見出していきたい。小浜島の仮面芸能「ダートゥーダ」の中に織り込まれた修験道的所作、他界観、鎮魂呪術の三つの視点から、サルタヒコの伝承にまつわる芸態を浮彫りにしてみたい。そうすることで、仮面・仮装芸能を通してサルタヒコの足跡が分布する「黒潮の流れる道」を探り出し、八重山諸島（石垣島・小浜島）から、熊野権現と伊勢神話圏へと繋がる道を見極めることができよう。

第一節　琉球弧と熊野神話圏をむすぶ線
——神々のイメージは熊野から来たのか

1　烏天狗神のイメージは熊野から来たのか

その昔、熊野は「隠国《かくれくに》」、伊勢は「顕国《うつしくに》」と呼ばれたが、これは隣りあう熊野とともに伊勢地域が「常世国」の入り口であったことを物語っている。つまり熊野神話圏とその東方に隣接する伊勢神話圏は、遥か東方の常世国から波が打ち寄せてくる地域であり、現世と他界を分ける緩衝地帯に該当すると考えられていた。『風土記』の古語にも「神風の伊勢の国、常世の波寄せする国」とあり、海上他界観というコスモロジーの中で〈境界空間〉として位置付けられていたことが分かろう。このような〈海辺の聖地〉に鎮座するサルタヒコは、東方の海彼《かいひ》から来訪する神々を迎える際の霊魂の先導役という機能と、現世と他界の境界を番する機能を兼備えた宗教的存在であるために、異様な風貌の来訪神〈マレビト〉として想定されたのであろう。

そして伊勢神話圏に鎮座するサルタヒコが、天空から降り立って日向・高千穂・伊勢へと道案内したように、熊野神話圏に所縁のある八咫烏《やたがらす》*8も天空から降りて道案内したという構図は、京都という〈俗空間〉と伊勢という〈聖空間〉の中間地に、〈境界空間〉として「熊野」が位置するといった地理的関係から考察しても興味深い。したがって〈海辺の聖地〉の中でも、伊勢神話圏に位置する猿田彦神社にはサルタヒコ、そして地理的に近い熊野神話圏にある熊野那智大社に内接する御県彦《ミアガタヒコ》神社には八咫烏が祀られており、この道拓きの二神が「熊野という境界地」から「伊勢という最高聖地」へ繋がる神聖空間に鎮座しているといった世界観*9が浮かんでこよう。その証拠に、天皇家にとって禁忌（タブー）とされた伊勢地域は現世の他界「常世国《とこよのくに》」として扱われていたが、逆に吉野の金峰山・熊野三山といった〈熊野神話圏〉は生身で踏み入ることができる境界領域とされ、平安時代には皇族や貴族等も中央に近いこともあって参詣するようになったのである。藤原道長や宇多法皇の御岳詣をはじめ、後白河法王や平清盛といった歴代の院や皇族・公家などの熊野参詣は特に有名であろう。こうした際に、山中の道に詳しい修験者が参詣の先導役を務めたのである。

そのような修験者の先達と重なる神話的存在が、記紀神話の中ではサルタヒコとその末裔〈太田命〉であるとされ、太陽神にして皇祖神である天照大神の子孫〈天津神〉を先導した〈国津神〉と伝承されている。一方で、八咫烏は三本足の鳥で神の使いとして登場し、『古語

御県彦神社（木崎武尊『熊野的領域』講談社より）

捨遺』には「八咫烏に化して神武軍の道案内をしたのは賀茂建角身命《かもたけつのみのみこと》である」と記されている。サルタヒコは後に天狗の姿と同一視されるが、烏天狗の名に集約されるように、鼻の長大な天狗は、天と地とを媒介する鳥としてもイメージされた。そしてこのサルタヒコを祀る神社は、熊野権現にまつわる寺社と同様に黒潮の潮の流れに沿って点在する。古代に「天《あめ》」は「海《あめ》」でもあり、それはこの世界が始まる始源の一所であった。鎌田東二は、その天＝海から飛び来ってこの世界を創造し、秩序をもたらす者がワタリガラス―ヤタガラス―サルタヒコではないか……と推測している[*10]。そのサルタヒコを祀る神社の一つが、八咫烏が出発した熊野新宮の神倉神社の境内入口に鎮座しているのは興味深い。そして熊野那智大社の近くには御県彦《ミアガタヒコ》神社があり、この八咫烏が祀られている。確かに、サルタヒコと八咫烏がともに「八咫《やた》」の形容詞を冠せられ、互いに太陽神との強い繋がりを持っていることは意味深長である。ここに、サルタヒコと烏天狗神のイメージが重なり合うこととなる。

琉球弧の烏天狗神「ダートゥーダ」は、小浜島に伝わる来訪神で独特の仮面芸能として現れる。喜舎場永珣の『八重山民俗誌』上巻に拠れば、現在はどの祭りにも出現しないが、かつては結願祭に南集落の神として出現したという[*11]。しかし、この神は疾病の神で、北集落のミルク神と比較すると見劣りするということで、大正年間に福禄寿の神に代えられたと伝えられている。度々触れてきたように、烏天狗神の仮面芸能「ダートゥーダ」は、学術的には南方系の棒踊り系芸能「フェーヌシマ」に分類される。その所作の中で見られる〈指差し〉は、熊野神話圏を発祥の地とする「修験道」に由来すると思われる。

この仮面来訪神に関しては、喜舎場永珣が『八重山民俗誌』の中で取り上げたのが研究対象としては初めてであり、現在においては小浜島出身である黒島精耕が研究の幅を広めている。黒島は著書『小浜島の歴史と文化』の中で、熊野権現における神事芸能に起源を着目している。下野敏見が琉球新報に「フェーヌシマはどこから来たか」という連載記事で、「ダートゥーダ」は南九州地方の修験道に関係した〈棒踊り〉に由来しているのではないか……という仮説*12を立てた。黒島精耕は後の琉球新報紙上にて、その見解を〈烏天狗芸能の起源〉に近づき得る一説として注目しているという論評を発した。黒島の推論によれば、修験道の正月行事である「修正会・修二会」では治道面（鼻高天狗）や迦桜羅面（烏天狗）が登場する芸能が演じられるが、呪具の棒（杖）を持ちながら、地を踏み鳴らして大地に眠る力を奮い立たせ、邪悪なものを退散させる跳躍所作「ダダ」は、小浜島の「ダートゥーダ」のルーツであるとしている*13。

那覇市安里のフェーヌシマも同様に、南方からの芸能ではなく、大和からの影響を強く受けていると考えられている。金具の付いた五尺棒を打ち合わせ、棒術のような動きをして、跳躍所作を繰り返す。琉球八社の中で、熊野権現を唯一祀っていない安里八幡宮は一四六六年に建てられ、以降、旧暦九月九日に催される例大祭で、このフェーヌシマが奉納されてきた。一方で、南嶋民俗資料館（石垣市）の長崎原毅は、ダートゥーダの原型は中国や東南アジアからの伝播経路を主張している。例えば、恩納村名嘉真のフェーヌシマは、唐時代の中国から読谷村長浜から伝わってきた……と言われている。名嘉真のフェーヌシマでは、中国人に扮したとされる姿の男二人が、拍子木を打ちながら登場し、導き役として場を開く。この先導役は〈小さい中国人〉を意味する「トンチューグワー」（唐人小）と呼ばれている。名護市嘉陽と読谷村儀間のフェーヌシマにも、同じような先導役が見られる。

恩納村名嘉真のトンチューグワー（唐人小）

名護市嘉陽のチャンクルー（先導役）

　諸説乱立しているものの、琉球弧の烏天狗神「ダートゥーダ」の芸能は、黒々とした〈烏面〉を被って、〈カラストビ〉とか〈カラスオドリ〉と称される反閇《へんばい》を踏みながら舞うといった「修験道」からの影響が見られる。サルタヒコの神話的所作の起源を立証する上で、重要な手掛かりであると考える。また烏天狗神が身にまとっている「柿色の衣」は、山伏が着用していたという聖なる色であり、芸能と関わりのある中世の旅人達も柿渋色を着るのが慣しであったとされる。このように修験道に見られる〈呪的足踏み〉や〈柿色の服装〉からは、琉球弧の烏天狗神の芸態と図像においての共通性が窺える。したがって、サルタヒコが鎮座する伊勢・熊野神話圏と石垣島・小浜島のある八重山諸島との二地点が、黒潮の流れに沿って、精神世界の古層において相互に影響しあっている可能性を示唆していよう。確かに、サルタヒコを祀る神社は黒潮と対馬暖流の潮の流れに沿って点在している。現段階の見解として、「ダートゥーダ」とは「ダダ↓ダッタ↓ダッタン」に由来し[14]、大正年間の頃まで小浜島の結願祭に南集落で演じられていた芸能である。山神と同一視される〈烏天狗神〉は、魔除けや厄病払いのために反閇による〈鎮魂〉（タマシズメ）の所作を行う「マレビト芸能」に顕現する神であると考えられる。

第二節　琉球弧と熊野神話圏をつなぐ他界観
――マレビト芸能をめぐる海上信仰と山岳信仰

1　海上から来たるミルク神と天界から降りる烏天狗神
――二神の仮面に潜む「弥勒信仰」と「補陀洛信仰」の思想

かつての小浜島の結願祭（キィツガン）には〈ミルク神〉[15]と〈烏天狗神〉の二種類の仮面来訪神が顕れていたことは、本稿第三章第二節でも取り上げた。実は、琉球弧と熊野を結ぶ基層的コスモロジーとは如何なるものかを検討するにおいて、この二神の民俗学的関係が重要な視点となってくる。この二柱の神々は、嘉保根御嶽（カブニオン）*16への奉納芸能の中でマレビトを呈した仮面姿を見せる。それぞれ、北集落の「ミルク行列」では〈ミルク神〉、そして南集落の烏天狗芸能「ダートゥーダ」では〈烏天狗神〉が順繰りに登場し、〈遊び庭〉空間にて披露されていた……と言われている。北集落の〈ミルク神〉は、不思議な顔をした白い仮面を被り、黄色い服をまとってゆっくりと優雅な動きをする。一方で南集落の烏天狗神「ダートゥーダ」は、黒色で異様に高い鼻の仮面を被り、黒色の衣裳に柿色の腹かけを着けている。この仮面神は疾病の神で、北集落の〈ミルク神〉と比較すると見劣りするということで、大正年間に〈福禄寿〉の神に代えられたという哀しい歴史を背負っている。

　小浜島の来訪神はこの結願祭の二神を含め、現在は〈ミルク神〉、〈福禄寿〉、〈ダートゥーダ〉、〈アカマタ・クロマタ〉の四種類がある。これらの神々はマレビト仮面を介して顕れ、安寧や幸福をもたらすという観点において、殆ど同じ宗教的機能を共有している。ところが社会的機能は少しずつ異なった役割を分担しており、〈ミルク神〉が子孫繁栄を御願《うがん》して集落民の一体感を強めるのに対し、〈ダートゥーダ〉は「風土病」に対する畏怖や鎮魂を込めて悪霊退散をし、村落秩序を不安感から開放して維持しようとする機能が濃厚に認められる。このように大正期以前の結願祭に奉納される祭祀芸能としては、「ミルク行列」と「ダートゥーダ」といった〈マレビト芸能〉が披露されていたのである。ここで着目すべき点は、〈ミルク神〉は現在の結願祭でも中心的存在として出現しているが、かつては〈ダートゥーダ〉も同等の神格として並行して奉納されていたことであろう。南集落の烏天狗神〈ダートゥーダ〉に対して北集落の〈ミルク神〉が登場したという構図からも、ミルク仮面の伝播分布について考察することで、烏天狗仮面の起源を浮き彫りにできる可能性が拓けまいか。

その〈ミルク神〉とは「ミロク」が琉球語に変化したものであり、即ち「弥勒」のことを示唆している。弥勒は、釈迦入滅後五六億七千万年後にこの世に出現し、釈迦仏が救済しきれなかった衆生を救う来訪仏とされる。弥勒信仰[*17]とは、弥勒が下生して〈弥勒世《ミルクユー》〉が出現する

ダートゥーダ仮面と弥勒仮面

現在の福禄寿（フクルクジュ）

現在の弥勒（ミルク）

のを待ち望む「弥勒下生信仰」であり、一種のメシアニズムと考えられ、日本本土では六世紀末に伝来した。中世以降は、理想世界をもたらす救世主が訪れる来訪神信仰として、民衆の間に広まった。そして琉球弧においても元々、東方の海上にあって神々が棲む「ニライカナイ」という他界観があり、神々がそこから地上を訪れて五穀豊穣をもたらすという来訪神信仰があった。この琉球弧の来訪神思想に日本本土の弥勒信仰が融合して、〈ミルク神〉は、東方の海上から五穀の種を積み、〈弥勒世《ミルクユー》をのせた神船〉でやってきて豊穣をもたらす来訪神である……という信仰が成立したのである。

ミルク仮面のルーツは、台湾やベトナムなどの東南アジア地域にまで広げて見ることができる。喜舎場永珣の見解に従えば、八重山の〈ミルク神〉は南方（東南アジア地域）からの伝来と言われているという*18。そして前記した結願祭に出現することからも分かるように、この神は農作物の豊穣と社会の平安をもたらす存在である。それ故に〈ミルク神〉は、その福々しい表情に象徴されるように、世の幸福の体現者として多くの子孫を引きつれ、五穀の稔りを入れた籠、酒壺を捧げ持った供の者を従えているのである。大きな耳をした白色の大きな仮面を着け、黄色の着物を着け、右手に大きな軍配団扇を持ち、左手で杖を突いてゆっくりと練り歩く。この扮装に関して、司馬遼太郎は『街道をゆく――中国・江南のみち』の中で、七福神の布袋様に擬せられるが、これは西南中国における弥勒菩薩の受容とその形姿の変容によるものであり、琉球弧の〈ミルク神〉は中国風に変容したものをそのまま受け入れたものである……と指摘している*19。

来訪神として顕現する〈ミルク神〉を探ることで、琉球弧における仮面神の伝播分布が明らかとなる。〈ミルク神〉は急速に八重山諸島に広まり、与那国島まで伝わった後で、黒潮の道に沿って沖縄本島の南部沿岸に伝播したのである。そして八重山諸島から遥か二〇〇〇キロメートルも離れた土地に、本州の「ミロク歌」が歌謡として伝播されるに至った。それは茨城県の鹿島地方においてであるが、ここでの「ミロク歌」や「ミロク踊り」では〈弥勒の船〉が鹿島灘に到来すると歌われている。この「ミロク歌」は他にも本州太平洋岸に点在しており、柳田國男は稲作が北上してと考え、て八重山から〈黒潮の流れ〉で繋がる「海上の道」の根拠の一つとして記述している[20]。時代的な前後関係や日本本土における弥勒信仰との関係から考察すると、それらが直に八重山諸島から伝わったことについては疑問視されているが、黒潮の流れと「ミロク節」の伝播には何らかの関係があると推測できよう。また、台湾やベトナムにおいては現在もミルク仮面が出現することを鑑みるに、小浜島で見られる〈ミルク神〉をはじめとした八重山一帯に分布するミルク仮面群も、琉球弧から海洋アジアに繋がっていく〈黒潮の流れ〉の一つだったわけである。

このように、琉球弧の「ミルク信仰」は趣を異にしながらも、日本本土で見られる「弥勒信仰」の機能を含んでいる。それは、熊野権現の「補陀洛信仰」[21]という世界観を根底で共有していることを意味する。この「補陀洛信仰」は、他界としての山岳を仏の世界とする捉え方をしており、山岳や海岸近くの岬・海上を観世音菩薩の補陀洛浄土と見なす思想である。現世の浄土として、熊野の那智山、四国地方の足摺岬《あしずりみさき》、関東地方の日光などがこれに相当する聖地であるとされ、修験道の行場として栄えた山岳や岬が信仰の対象となった。これが平安時代になると末法思想と絡んで盛行し、弥勒菩薩信仰が人々の心を捉えるようになったという過程を経て、海上彼方への憧憬が強い民間信仰へと変化していく。而して、琉球弧の〈ミルク神〉と深い関連性がある「弥勒信仰」は、まず最初に、山岳という聖域を弥勒菩薩が説法している兜率天《とそつてん》の四十九院に該当するというイマジネーションから生まれた。やがて、こうした山岳崇拝をベースとした弥勒思想に基づいて、浄土思想の成立に伴って山中に阿弥陀の浄土が想定されるようになると、熊野本宮をはじめ、各地の阿弥陀如来を本尊とする聖山から〈海上彼方への信仰形態〉も認められるようになってきたのである。

　この海上他界観の色濃い「弥勒信仰」が普及すると、弥勒菩薩のいます浄土への信仰は、死後、海の彼方にある〈補陀洛界〉に往生することを願って、那智や足摺の浜から船出した補陀洛渡海僧を生み出した。その中で奇跡的に琉球に流れ着いたのが禅鑑であったと言われている。弥勒の浄土、阿弥陀の浄土である〈補陀洛〉への渡海が、極楽往生を求めてのことであったのは言うまでもない。熊野はこの渡海の出発地とされたが故に、「神仙境」として目された。ここでは、修験道のコスモロジーの中で日本古来の〈常世〉と中国外来の〈蓬莱山〉とを同一視していた向きがあった。然るに「常世信仰」[*22]と「蓬莱信仰」[*23]とが習合されて、〈補陀洛信仰〉へと集大成されていったと考えられる。したがって〈補陀洛信仰〉という海上への志向性が、熊野の地において現世と他界の媒介神であった烏天狗の神格を高めていることを見落としてはならない。サルタヒコは烏天狗の神性と同一視されるが、海＝天を繋げるべく飛翔する烏としても表象される。海上彼方から飛び来たりて現世に「心の安寧」をもたらす来訪神こそが、サルタヒコや八咫烏に象徴される烏天狗神なのである。また、〈補陀洛信仰〉という南への志向性と弥勒信仰とが結びついた〈ミルク神〉が、豊年祭や結願祭などの祭祀において「マレビト芸能」として演じられるのは、その福々しい姿を披露することで、〈弥勒世《ミルクユー》〉の到来を再現しているからである。

このように小浜島の結願祭に奉納される芸能では、ミルク信仰に基づいた「ミルク踊り」と補陀洛信仰に基づいた「ダートゥーダ」といった「マレビト芸能」が演じられていた。〈ミルク神〉には、子孫繁栄を御願《うがん》し、村落秩序を維持しようとする機能が、弥勒信仰と相まって見られる。一方で、烏天狗神「ダートゥーダ」は風土病（マラリア）に対する畏怖や鎮魂を込めて悪霊退散をするといった、修験道的要素の強い「補陀洛信仰」が基盤となっている。北集落の「ミルク神」が南集落の「ダートゥーダ」と釣り合うように登場していたという構図は、海上信仰としての「ミルク信仰」と「補陀洛信仰」が繋がって、「マレビト芸能」において神々を如何に顕現させてきたか……を探る手掛かりとなる。

以上のように二神の仮面に潜む他界観、すなわち「弥勒信仰」と「補陀洛信仰」とを俯瞰してきたが、琉球弧と熊野神話圏の両地域に通ずる〈海上への他界信仰〉、そしてその他界イメージを再現した祭祀芸能において、何かしらの連続性があることは明らかであろう。この両地域を繋ぐ「ミルク行列」と「烏天狗芸能」の関連性として、その精神世界を形づくる〈シャーマニズム〉*24がキーワードとなってくる。ことに仮面来訪神の祭りや仮面芸能について考察する際には、〈シャーマニズム〉と「仮面来訪神」の両分布図の一致は偶然なのか、それとも両者の関係性に隠れた本質をうかがう手掛かりがあるのか……が重要となろう。諏訪春雄は、この対応は偶然ではなく、両者に共通する本質の一致があるとする立場から研究を進めている*25。この分布現象は、確かに、「仮面」という静的な存在と「シャーマン」という動的な存在が、共通して〈神霊のよりつく依代〉としての性質を保持していることから説明がつこう。その根拠は、〈シャーマニズム〉において、「仮面」に神霊が憑依することで舞手が神懸かるメカニズムが、あまたの来訪神の儀礼を生んできたからである。琉球弧では、豊饒をもたらす〈ミルク〉や疫病を退散する〈ダートゥーダ〉の仮面神だけに限らず、〈アンガマ〉（翁と媼）の神、〈マユンガナシ〉の神など「マレビト芸能」は多様である。結願祭や豊年祭などの季節の変り目に、仮面の神々が村落共同体へ訪れてくる儀礼が数多く伝えられており、共通して以下のような特徴がある。

①〈節目祭祀〉…豊年祭や結願祭といった時期に行われ、季節の変り目の行事儀礼である。
②〈アニミズム〉…草荘神や烏天狗など来訪神は、アニミズムかトーテミズムの対象になる動植物神である。
③〈仮面仮装〉…仮面を身につけ、草木を身にまとった異装の神々である。
④〈秘密組織〉…マキニンジュ（氏子）に属する男性の秘密組織が神々を演じ、それも多くは若者が扮する。

⑤〈御嶽信仰〉…神々は御嶽（もしくは山中）、それも多くは森林や洞窟から出現する。
⑥〈安寧祈願〉…五穀豊穣や鎮魂、悪霊退散を祈願することによって、子孫にさずけた文化の確認と、文化をさずけた始まりの時間を再現する。

列挙したような来訪神儀礼の特徴からは、琉球弧が原初的な「マレビト芸能」を比較的純枠に保存していることが把握できる。この琉球弧の島々では、マレビトが「神の仮面」を扮して他界と現世を往来し、また歓待する人々は季節ごとに訪れて幸いをもたらす神々を迎え、歓ば

福禄寿（撮影・竹富町教育委員会）

弥勒（撮影・竹富町教育委員会）

せ、送り出すのである。「マレビト芸能」に見られる神観念は、他の一連の祭祀芸能にも多大な影響を与えており、「神迎え」「神遊び」「神送り」といった儀礼プロセスの原型を形づくっている。いわば、この「マレビト芸能」にて奉じられる芸態が、村落における全ての年中祭祀の基本構造として機能している。このような儀礼に出現する仮面神が、他界から訪れることを切望するという信仰心や民俗心象は、琉球弧と熊野神話圏との古層に眠る「元型」（アーキタイプ）なのである。仮面神の〈ダートゥーダ〉や〈ミルク〉といった「マレビト芸能」は、異界からマレビトが登場する〈神話的原風景〉を表象していると言えまいか。

2　烏天狗神の背後にある山神の思想
——琉球弧の「御嶽信仰」と熊野の「山岳信仰」のつながり

コバルトブルーの海原の傍にたたずむ石垣島の宮良集落は、その周辺に四つの御嶽（仲嵩御嶽・山崎御嶽・外本御嶽・小浜御嶽）を抱えている。かつて、その聖空間に足を踏み入れた時、つい先程まで誰かが「ウートートー」（拝み）をしていたらしく、線香の香りと煙で充たされていた。その香りを鼻に吸い込んだ途端に、不思議な身体感覚が体内から沸き上がってくるのを覚えた。部外者である僕にさえ、「見えない神々への畏敬」が場の空気から感じられて、琉球弧の基層文化における生活は、人間世界とその周辺世界である自然とが対立をみせていないように思えた。御嶽に対する村人の信仰は、生活のあらゆる面に浸透している。誕生の際の泉水《カー》信仰としての〈水撫で〉の儀式、「アカマタ・クロマタ」に代表される成人式としての秘密組織への入団、若者の恋が芽生えることも少なくなかった八月の野遊び《モーアシビ》、そして死後は死霊として御嶽に帰り浄まって祖霊となった後に祖神となっていく……という「時間の環」が御嶽と絡めて想定されたのである。年間行事をとってみても正月の御願《うがん》、豊年祭（プーリィ）の神迎え、旧盆の時の海上からの祖霊迎え、結願祭の神送りなど、主要な年中祭祀は殆ど御嶽と関係している。このように御嶽や其処に居るとされた神霊は、村人の一生や祭祀に多大なる影響を与えていることが解ろう。

御嶽の風景（比嘉豊光『光るナナムイの神々』風土社より）

小浜島の「マレビト芸能」である〈ダートゥーダ〉〈ミルク〉が奉納される嘉保根御嶽（カブニオン）も同様である。この御嶽では海の神・農耕の神が祀られているが、ここにおいて行なわれる結願祭は、毎年旧暦の八月頃に当年の豊作に感謝し、更に翌年の五穀豊穣を願って、棒、太鼓、狂言などの芸能が三日間にわたり奉じられる。祭祀芸能には「マキニンジュ」（巻人数）といった同じ御嶽に所属する人々が、御嶽の庭に集まり、五穀豊穣を祈願する賛歌を神々へ捧げつつ、円陣をつくって踊る「神遊び」を堪能する[*26]。

ところで、八重山諸島における御嶽の記録はその裏づけを解明する資料としての根拠がなく、御嶽の由来を伝える『八重山島由来記』（一七一三年）、一七一三年（正徳二年）に琉球王尚敬が編纂を命じた『琉球国由来記』巻二十一の八重山島御嶽々並同由来記と『遺老説伝』の限られた文献だけであるという指摘がある[*27]。この聖域は日本本土で言うところの〈鎮守の森〉である神社と近い存在であり、ひとつの集落に必ずひとつ、集落全体で信仰する御嶽があるというのが定説である。その他にも、ある家系のみが信仰する御嶽、特定の人物を祀った御嶽なども存在する。ここでは様々な神行事の祈願や祭祀が行われ、それらを取り仕切るのは、沖縄本島では「神女」（ノロ）、八重山では「司」（ツカサ、カンツカサ）と呼ばれる女性の神職者である。琉球弧においては、基本的には神に仕えるのは女性であり、またその地位は血縁で継承されるのが普通とされる。

そして八重山諸島の石垣島にある宮良集落に限らず、一般に琉球弧の御嶽空間には、神の憑代となる聖なる樹

御嶽で祈るツカサ（上原孝三提供）

宮古島西原のヤマト御嶽
（上原孝三提供）

木があって、クバ・マーニ・ガジュマル・松などが茂っている。この聖木を伐採することは特別な場合を除き禁じられ、御嶽の最深奥部には、最も聖なる場である「威部」（イビ、イベ）がある。そこには、自然の石もしくは聖なる樹木が生い茂り、香炉などが置かれている。そこには女性神役のみが出入りでき、男性は神役であっても出入りは禁止である。このような御嶽は人々の信仰の拠り所であり、沖縄本島では「ウタキ」「ウガン」と呼ばれている。かつては、この聖域一帯に一般人が足を踏み入れるは当然のこと、近づくことさえも禁じられていた。八重山諸島ではこの聖域は「オン」や「ワー」と呼称され、そこは、神の依代である木や石のある最も聖なる拝所「イビ」と祭祀のための遊庭「ミャー」から構成される*28。その霊威（セジ）高い聖地でツカサの祈る在り様は、神々しい幻想的な原風景であり、写真家の比嘉豊光が出版した『光るナナムイの神々』*29という写真集の中で鑑賞できる。「イビ」には御神体や偶像がないのも特記すべき点で、実体を持たない「神聖な空間」が御嶽の中核となっている。このような御嶽という聖空間では、〈御嶽信仰〉を基調として生きる人々が、神々に対する信仰と畏怖の深さからインスピレーションを得て祭祀芸能を奉納している。それによって、自然を象徴する「目に見えない神」を時空間に見える形で再現したのである。

御嶽をめぐる神々しい精神世界が、〈御嶽信仰〉というコスモロジーを形成している。これは琉球弧において、村落の背後や周辺に展開する山や森を聖域とし、それを村落単位や祭祀集団単位で祀る信仰である。沖縄本島では御嶽は原則として村落ごとに一ヶ所あるとされるが、宮古・八重山の両地域では御嶽は村落に複数あるのが一般的であり、神々の横能分化があって多種多様な神性が認められる。『琉球国由来記』には多くの御嶽名・イビ名が記されており、宮古諸島では神名に男女の性別があるのが特徴である。御嶽の聖域内には、神役が「ユーグムイ」(夜籠もり)する建物があって、沖縄本島では「神アシャギ」、宮古諸島では「クムイヤー」(籠もり家)、「ウドゥヌ」(御殿)、八重山諸島では「オンヤー」(拝み家)、「パイデン」(拝殿)などと称されている。御嶽における祭祀は、琉球王国時代ではノロ制度のもとに「ノロ・ニーガン」(沖縄諸島)、「ツカサ・サス」(宮古・八重山諸島)などと呼ばれる女性神役らが実施してきた。仲松弥秀によれば、御嶽には、村を守護する祖霊神、島立て神、島守り神、ニライカナイの神、航海守護の神などが祀られている。御嶽には実に多彩な神々が鎮座していることになる[*30]。

神々が顕現する場、神々の鎮座する場、神々との交流を図る場、神々との結びつきの強い御嶽は、つまりは聖なる地という観念が強い。超自然的存在あるいは超常的存在があり、それらが人々の崇拝を集め、宗教的観念となり、神と御嶽が有機的に結びつくことになるのである。人が神意に応えれば、五穀豊饒、大漁、繁栄、幸、健康などの恵みが与えられる。逆に人が神意に背けば、神の怒りをかって病貧や災禍がもたらされると考えた。だからこそ、人は神の意に背かず、神と調和していこうと思考したのであった。つまり、超自然的なもの(神)と交歓・交流するには、特別な日に聖なる場(御嶽など)で、集団で設定した目的・目標が叶えられるよう「祭祀」を行ってきたのである。神が見え、その声が聞こえる人達は、明らかに通常の意識・心理状態とは異なった状態になる。それは、いわば共同幻視・共同幻聴といってもよいのかも知れない。

この〈御嶽信仰〉と著しい類似性が認められるのが、修験道の宗教形態における〈山岳信仰〉である。修験道の験者は山岳での修行を行い、それによって体得した験力を用いて呪術的な宗教活動を実践した。「山の神」[*31]を始めとする諸神や諸魔の住まう山岳を畏敬して、その山中に祠を作って豊作祈願の春祭と感謝の秋祭を行った。このような山岳を聖地として崇拝するコスモロジーから生み出されたのが、山を守護する神的存在としての「烏天狗神」イメージである。熊野地域をはじめとして日本本土では、山岳に住む統括的な神として「山の神」が想像されている。柳田民俗学に拠れば、「山の神」には二つのタイプある。一つは、春になると山岳から下りて〈田の神〉となって農耕を守護し、秋には再び山に帰って〈山の神〉となる農耕の守護神としての神観念である。もう一つは、マタギ・木地師など山仕事をする者の守護神としての神観念である。これらの「山の神」のイメージは、稲作に必要な水を授けてくれる水神に、山中の祖霊が浄化して加わったもので、〈氏神〉の原型をなすものと考えられていたようである。

琉球弧の御嶽信仰も、聖名・イビ名から判断するに豊穣神や氏神を祀る側面がある。「山の神」が〈氏神〉の原型のような存在であるのと同様に、村人は「ヤマニンジュ」（山人数）[*32]若しくは「カミニンジュ」（神人数）と呼ばれており、〈氏子〉のような形態が見受けられる。この御嶽が祭祀空間として機能していることを考慮すれば、熊野地域の神社に見られるような山中にて祭祀儀礼を奉じるという「山岳信仰」の形態から、琉球弧の「御嶽信仰」の面影を感じることができまいか。

折口信夫は山岳崇拝の対象となる「山の神」を結びつけて、訪れの神である「翁」が天狗神の原形イメージである…という仮説を次のように展開している。

大昔には海の彼方の常世から来るマレビトの成時であったのが、後には地霊の代表者なる山の神の成事になり、更に山の神としての資格における地主神の役目になったもの。その地主神が、山の神から「天狗」というかたちを分化し、天部の護法神から諸菩薩・夜叉・羅刹神に変化していく(――以下省略――)*33

もともと海の彼方の異界である〈常世国〉からやってきたと想像された「翁」、すなわち来訪神(マレビト)は、〈山岳〉の思想と密接に結びつくという経緯を経て、「山の神」と同一視された。そして、後に「翁」は山岳からやってくる〈聖なる来訪者〉のイメージとして固定されていったであろう……というのが折口の見解である。そのような「山の神」を演じつつ、山谷を歩き回って山岳信仰の中に生きてきた人々が、修験者や遊行者と呼ばれる〈山人〉であった。事実、折口は、修験道とは〈山人〉の間に醸成されて発生した自覚的な神道ではないか……と提唱している*34。而して「山の神」の原型は、初期には修験者が祀る死霊が神格化された〈祖霊神〉であると考えられたわけである。それがアニミズム的思想と絡み合うことで「烏天狗神」へと変容を遂げたのであろう。日本本土の記紀神話においてもアニミズムの要素は見受けられ、「山の神」の姿を『日本書紀』では〈蛇神〉、『古事記』では〈猪神〉として想定している。そしてトーテミズムに準じた動物神が「山の神」と崇拝されていく系譜の中で、〈烏天狗神〉のイメージも民間信仰に定着するに至った経緯はここにある。

何れにせよ、琉球弧の「御嶽」や熊野地域の「山岳」は、種々の理由から聖なる空間と考えられている。中でも琉球弧の御嶽信仰は、最も原初的な形態を持っており、樹木が鬱蒼と茂った空間が人々に〈御嶽への崇敬の念〉を引き起こさせる……といった自然崇拝に基づいたものであると推測できよう。一方で熊野地域の山岳信仰も、聖山には祭礼などの際に限られた神職が入る以外は禁足地とされ、こうした聖空間は邪悪な霊や神々が棲む処と想像されていた。とりわけ樹木と岩石が累々とした処は、精霊や神々が跋扈する場所として畏れられたのである。このようにアニミズム的視点から考察すれば、琉球弧の御嶽信仰における〈聖空間〉と重なる点が多く、熊野地域に根付いている山岳信仰は泉、岩石、奇木などに精霊や神々が観じられる……といった意味で一致していると言えよう。

更に述べるならば、八重山諸島では御嶽において司（ツカサ）を中心として祭祀が執り行われ、血縁関係のある集落の人々が参集するが、その人々を〈氏子〉として「ヤマニンジュ」（山人数）と称している。それは、山岳信仰との関連性を考える上で興味深いと言えまいか。袋中上人の著した『琉球神道記』には「神は天から、また海の彼方からも来られる」とあるが、山神が降臨するという信仰は古来からの観念であったと思われる。確かに石垣島に「於茂登《おもと》嶽」と呼ばれる標高五二五メートルの山があるが、この全山が神々の鎮座する聖域として畏れられており、司でさえ滅多に登らないという[35]。これは琉球弧に受容された山岳信仰の痕跡であり、熊野修験道にみられるような山岳信仰の要素は、琉球弧においては御嶽信仰と習合された状態で垣間見ることが出来るのである。琉球弧の「御嶽信仰」と日本本土の「山岳信仰」との繋がりを関連付けて論じてみることで、「ダートゥーダ」という烏天狗神が棲まう異界へのコスモロジーが明らかになってくる。琉球弧から熊野権現のコスモロジーへとむすぶ〈黒潮の流れ〉がここにも存在する。

第三節　マレビト芸能における神々のイメージ
——異形の神に対する畏怖心と鎮魂祈願

八重山諸島の一八世紀後期は、一七七一年に起こった明和大津波[36]という大事件に始まり、それに続き、様々な災難が怒涛の如く押寄せてきた〈忌わしい記憶〉の時代であった。その後、石垣島宮良集落は、飢餓や風土病という苦境の中で、復興に向けて「精神世界の〈再生〉」が試みられた。その再生とは、大津波の時点で被害が軽微であった小浜島から、壊滅的状態であった石垣島宮良集落へ強制移住が行われたという史実にさかのぼる。宮良において小浜島からの移民達によって新たな御嶽信仰が生みだされ、「小浜御嶽」[37]が建てられたのである。この小浜御嶽は呼び名を「クモーオン」といい、小浜の北集落の「照後御嶽」[38]の分神を祀ったものと伝えられている。一七七一年以降に創建されたので、一七一三年に琉球王府によって編纂された『琉球国由来記』には記載されていないが、その主神となる小浜島の「照後御嶽」は古文献に登場する。

では、八重山の歴史を変えた〈忌まわしい記憶〉の時代とは、如何なるものであったのであろうか。

大津波後の二次災害の傷跡を生々しく語った当時の様子は、八重山研究の学祖である喜舎場永珣が、民俗誌研究の観点から「明和大津波」に関する論考を著書『八重山歴史』*39の中で次のように展開している。

津波の被害状況は当時の八重山の人口は、二万八九九二人であったが、溺死者九八一三人で全人口の三二・一%であった。家屋の流失が二一二三戸、浸水家屋一〇〇三戸であった。首里王府への貢納米納米八二三石二斗五升、馬は覧船に積んだまま流失した。潰滅した部落は、真栄里、大浜、宮良、白保、仲与銘、伊原間、安良、屋良部の八部落で、半潰部落は、新川、石垣、登野城、平得、黒島、新城の七カ部落であった。津波後に引き続いて起こった飢饉、疫病、風旱害等の天災による住民の犠牲は、その数八六三三人に達し、計一万七九四六人の人命が奪い去られた。時の為政者は、復興計画をたて、首里王府の許可を仰いで、各離島の人口の多い部落から強制移住を断行して、流失部落の再建、復興がおこなわれた。

御嶽のイビのある聖域（小浜島嘉保根御嶽）

明和大津波が襲った石垣島宮良

前記のように、大津波時点での八重山全体の被害者数は溺死者九八一三人で全人口の三二・一％であるが、石垣島だけで見ると、その人的被害は四八・六％にも上り、約半分に近い島民が犠牲となっている。そして強制移住などの政策的要因をも含めた〈人口分布図の変動〉が顕著になり、地縁・血縁関係の濃厚な人々が大移動した結果が、御嶽信仰の体系を分散させて祭祀芸能の変容を招くに至ったと推論できよう。確かに、大津波前の八重山の人口は二万八八九六人であったが、大津波によって、一挙に九三一三人の死亡者を出して一万九五八三人に減少し、以後年々減少の一途をたどり、百年後の明治の初期には一万一〇〇〇人台まで落ち込んだ。

重要な点は、大津波の後の飢餓、疫病流行、そして強制移住という人的災害へと悪の連鎖が波及していくことである。その二次的災害として、津波による耕地の流出、塩害による農業生産の激減、疫病（天然痘）の蔓延などに加えて、人頭税の負担、マラリア地帯への寄人政策（強制移住）などの人災も連鎖的に誘発され、人口減少の原因となったことは言うまでもない。

このように石垣島宮良と小浜島を遥拝信仰の上でむすぶ「小浜御嶽」は、明和大津波という天災が歴史上あったからこそ創建されたのである。その拝所は、宮良集落の中央部を占拠する西縁、標高一〇〇メートル程の丘陵の平場に存在し、そこには四基の石灯籠とそれに囲まれた六つの香炉があり、その二〇メートル東には、中に香炉の置かれた石祠が二つ、壊れた状態で存在する。イビに隣接して祭祀に関わる広場があって、現在でも小浜系の宮良住民によって祭祀が行われている。然して石垣島宮良の御嶽信仰には、新たな傍流が生まれたのである。

以上を鑑みると、小浜島の移住者達が石垣島宮良に「小浜御嶽」を建てて分祀をすることとなった経緯、つまり、この「明和大津波」という歴史的惨事について触れなければ、御嶽信仰を基盤としているマレビト芸能「ダートゥーダ」「ミルク」の由来を探求することが出来ないということに気がつく。事実、宮良集落に伝わる秘祭である「アカマタ・クロマタ」[*40]は、大津波後に小浜島からの移住者によって伝播したと言われており、祭祀芸能への影響力が計り知れないことが分かろう。神話と史実の挟間に生きる祭祀芸能を探るには、「ポスト明和大津波」の現実的余波が神話的世界観に与えている影響について触れなければなるまい。

何れにしても、この大惨事が起こった一七七一年（明和八年）は八重山の年代記を塗り替える分岐点であり、八重山民俗誌における「御嶽信仰」と「祭祀芸能」の変容を招くに至ったと捉えるのが大前提となる。移住民達は、以前に住んでいた小浜島への遥拝を行う新信仰を誕生させたが、望郷の念が大津波後の数々の災難に対して向けられ、「鎮魂祈願」を捧げる信仰が必要となったのである。一方で、離散する島民を出さざるを得なかった小浜島でも、血縁・地縁の者が去って行くのを目の当たりにして、これ以上の不幸を招かないようにと疫病や天変地異をもたらす怨霊を鎮め、それを御霊として奉り、更には行疫神を鎮める奉納芸能を必要としたと予測できる。したがって、小浜島の「ダートゥーダ」が疾病神であると言い伝えられているのは、その基層には疫病畏怖への心理的ベクトルが作用しているためであり、小浜島と石垣島宮良を結ぶ線上に浮び上がってくるものは「行疫神」「疱瘡神」への崇拝であるとは言えまいか。その証拠に「ダートゥーダ」の誘導時の呪言〈ウキチチ〉には、天然痘に対する畏怖が歌われている[41]。それ故に、御嶽において神事芸能を奉納する時に顕れる烏天狗神「ダートゥーダ」には、鎮魂を司る〈行疫神〉という神格が与えられていたのである。また石垣市宮良の海岸近くにある御嶽「パナシキィヌオン」でも、流行病を防ぐ神を祀るのは、その名残りではないかと考えられる。

小浜島から宮良集落へ強制移住させられた人々は、更に転々と移住地を代えさせられ、惨憺たる苦労を重ねることとなる。他方で小浜島に留まった人々は、二〇〇年以上にわたる人頭税の重圧にもかかわらず、「うつぐみの精神」[42]を受け継いで島の伝統的な祭祀芸能を守り続け、多くの歌謡を謡い継ぎ、貢租を完納して村落共同体を維持するために営々と労働に励んだのである。マレビト芸能の「ダートゥーダ」を〈鎮魂の儀〉として解釈し、島民が血縁・地縁関係のある宮良移住者の家系と精神的につなぐ神事芸能であったのかもしれない……と考える点はそこにある。

ところで琉球弧において、棒踊り系芸能を奉納することで、〈疫病神〉への鎮魂を行うという祭祀は他にも存在する。下野敏見は、宮古島下地町川満の「棒振り」の由来は、川満村にブーキ（流行病）がはやり、死者が続出したことに始まったと指摘している*43。由来譚に拠れば、村人が寄り集まって皆が手に棒を持ち、鉦を叩きながら全ての御嶽を廻り、その〈行疫神〉を抑えるために願をかけたという。その時にマムヌ（魔物）が現れたので、老婆のシャーマンの指示で棒を用いて退治した。以来、病気は治まり、村も繁栄したので、棒踊りを奉納することになったのである。伝承の中に棒踊り系芸能と行疫神信仰の関係がうまく溶け込んでおり、村人が棒踊りの棒に魔物退治の霊力をだぶらせている精神性が汲み取れよう。実際、川満のこの棒振りは片手に短い棒を持って、まるで悪霊を懲らしめて退治するような芸態をとる。

烏天狗神「ダートゥーダ」が〈行疫神〉と関連があることは、烏神は熊野権現の化身として扱われ、烏を神の使いとして図像化した符に牛黄の印肉を押した御符「牛王神璽札《ごおうしんじふだ》」を、「牛王宝印《ごおうほういん》」*44として珍重したことからも推測できよ

牛王神璽札（木崎武尊『熊野的領域』講談社より）

う。烏は不吉な兆候、死を予知する神的存在であると言われ、神の使い、そして死者の霊の去来を象徴しているとされる。それ故に護符には八咫烏が描かれるのであり、悪霊退散、陰陽和合の護符とされ「おからす」とも呼ばれた＊45。そして旧正月二日には、那智の滝の霊水を用いて牛王神符《ごおうしんふ》が刷られるのであるが、その最中、神職や崇拝者が柳の杖を使って板を叩き続ける。これは牛王神符に描かれた七十二羽の烏に、魂の鼓動を込める象徴的な所作であると考えられる＊46。もちろん琉球弧のマレビト芸能「ダートゥーダ」にも、反閇による〈鎮魂〉（タマシズメ）の所作によって、魂の鼓動を吹き込む芸態があることは触れるまでも無かろう。

　このように行疫神信仰に基づいて刷られる護符である「牛王宝印」は、特に熊野三山（熊野本宮大社・熊野速玉大社・熊野那智大社）のものが有名である。〈牛王〉とは、『泰山集』などにおいては、「牛頭天王《ごずてんのう》」＊47の中の二字を略したものとしている。この牛頭天王は〈荒ぶる神〉として扱われて修験道と深く関係しており、祀れば恩寵の神として「和御魂《にぎみたま》」になるが、祀らなければ一転して祟る神として「荒御霊《あらみたま》」となる。こうした思想が疫病鎮めの神として牛頭天王を祀ることに影響を及ぼしたと考えられる。この神性はサルタヒコにも通じ、修験道とは、この呪的・霊的な力を〈タマシズメ〉・〈タマフリ〉によって制御することを試みる信仰形態なのである。このような牛頭天王の呪術性を込めた「牛王宝印」に描かれている烏神には、「鎮魂」イメージが深く根ざしている。〈鎮魂の儀〉には〈タマシズメ〉や〈タマフリ〉といった呪術儀礼があることは触れたが、折口信夫に拠れば、「鎮魂」には二種類の効用があるとする。すなわち「外からよい魂を迎えて人間の身体中に鎮座させるという原初的なもの」と

「霊魂が遊離すると、悪いものに触れるので病気などが起こるということから、その悪いものを防ごうとする形のもの」である[*48]。〈タマシズメ〉には、荒ぶる神を鎮めて霊魂を体内に強固に安定させるという指向性があり、また〈タマフリ〉は身体から遊離しようとする霊魂を呼び戻すという呪術儀礼的な要素が強い。それらの〈鎮魂の儀〉における芸能は、もともと俳優（ワザオギ）の起源とされているが故に、〈神遊び〉という思想が舞い踊る芸態に込められているのである。その根拠として『古語拾遺』では、〈鎮魂の儀〉に関して「アメノウズメの事跡なり。然れば即ち御巫の職は、旧氏を任ずべし」として、俳優と関係の深い二神であるサルタヒコとアメノウズメの子孫である猿女氏の職を〈鎮魂〉であると記している。

「鎮魂儀礼」という視点からみれば、行疫神信仰と呪術的な活動を行う修験道との関係が深いことは明白である。修験道に由来する寺社には、熊野地域のように氏神に類するものの他に、怨霊の祟りを怖れて、疫病や天変地異をもたらす怨霊や行疫神を崇め祀る信仰が存在する。この信仰は平安時代の初期から中期にかけて盛行したが、その代表的な拠点には、菅原道真公（八四五〜九〇三）の御霊を祭る北野天神[*49]と牛頭天王を祀る祇園社がある。最近の研究では、こうした御霊や行疫神の信仰が、修験道の萌芽と密接な関係を持つことが注目されている。それは疫病や天変地異をもたらす怨霊を鎮め、それを御霊と崇めたり、また〈行疫神〉を鎮める密教的修法が、山岳修行によって験力を修めた験者、すなわち修験者によってなされていたからである。こうした修験の修法や儀礼から修験道が育まれていったのである。

天狗や烏、牛頭天王などの「異形の神」に対する畏怖心と鎮魂祈願は、元来は、善悪の両面性を持った霊魂が怨霊へと転じて〈行疫神〉や〈疱瘡神〉となる……といった信仰から派生している。これをダークサイド面への転化、つまり〈魔道に堕ちる〉というが、怨恨を抱いて死んだ者は魔道に堕ちて人に祟り、世に災禍を起こすといって恐れられた。そのもっとも顕著な例は、『太平記』巻二十七の〈雲景未来記〉にあり、南北朝の大動乱は崇徳院、後鳥羽院、後醍醐院や、玄限、真済、慈恵、尊雲など不遇の高僧が大魔王となって起こしたものとする伝承が残されている。このような死穢《しえ》の災いから逃れ、心の安寧を得るために修験道の呪術が注目されたのである。確かに、修験道発祥の地である熊野速玉神社の主祀神「熊野速玉大神《はやたまのおおかみ》」は、死穢の禊祓いを司る神として崇められているのは興味深い。この神は黄泉国でイザナギがイザナミから離れようとして吐いた唾から化生したとされるが、唾は黒不浄を浄化するものと信じられているからである。小浜島の「ダートゥーダ」が被る黒仮面のフォルムからも、熊野権現における〈黒不浄〉への崇拝心、すなわち「死の忌み」である〈黒不浄〉への信仰心を想起させる。この「黒」という忌色は、非日常的な祭祀空間に限って解禁され、神の色として表現されていると感ぜずにはいられない。〈黒不浄〉という死の穢れを浄化することを願って信仰された仮面神が、〈行疫神〉や〈疱瘡神〉として扱われるのは、琉球弧と熊野に共通した観念であると言えまいか。以上のように、烏天狗信仰と熊野修験道の基層にある〈行疫神〉イメージは、烏天狗神「ダートゥーダ」の神格を明確なものにしているのである。

注

＊1　崎間敏勝『ニライ・カナイの原像』琉球文化歴史研究所、一九八九年参照。本書は第一号から第五号までの合冊本で、第一号の『ニライ・カナイの原像』からタイトルをとっている。修験道と熊野権現に関する記述は第四号の『熊野権現の島』に収録されている。

＊2　熊野権現信仰に関して最も古い縁起とされる『熊野権現御垂迹縁起』（一一六三年成立の『長寛勘文』に収録）には、熊野権現が唐の天台山から飛来し、何度か憑着地を替えた後、熊野に飛来したという伝承が記されている。熊野権現（証誠大菩薩）を感得したのは千与定という犬飼であると云われており、彼が山中で大猪を見つけて矢で射殺し、そこに留って一夜を過ごした際に神霊の存在に気付いたとされている。つまり彼が木の梢に三枚の月形（三面の鏡）を見つけ、その月を証誠大菩薩であることを感得して、熊野権現の御神体として奉ったことに熊野権現信仰の起源があると想定されているのである。

＊3「熊野本地垂迹説」とは、絶対的である存在・仏陀（これを本地という）が、衆生救済のために姿を変えて迹（アト）を垂れたものだとする神仏同体説であり、神となって現世に仮姿を現わすという見解をとっている。法華経に起因、現実の釈迦を垂迹とする説を、日本古来の神道に応用した、神仏習合の試みと言える（角川日本史小辞典）。神は仏の化身、権現であるとする平安時代に起こった垂迹思想で、宝満大菩薩、八幡大菩薩のように神に菩薩号をつけたり、神前での読経などの行法を行う。例えば、熊野三山の本宮、新宮、那智の三社の本地仏は、それぞれ阿弥陀如来、薬師如来、観世音菩薩とする神仏習合の信仰が見受けられる。明治初期の神仏分離により衰えた。

＊4　黒島同著、一八一頁参照。

＊5　熊野三所権現とは、熊野三社の主祭神として祀られる本宮の家都御子神、新宮の熊野速玉神、那智の夫須美神の三所の総称である。

＊6「補陀洛渡海僧」とは、真言密教の「死んで極楽に」という浄土思想が重ね合わさって、黄泉の国の入り口である熊野から南海極楽を目指す渡海を試みる僧侶を指したのが起源である。その僧は多く生前に墓を建て、三〇日分の食料や水とともに小舟の箱の中に入って大海へ旅立つのである。

の渡海者は死に朽ちるが、奇跡的に琉球に流れ着いたのが禅鑑であったと言われている。（内山幹雄「尚寧王『起請文』が語るもの〈上〉」沖縄タイムス、二〇〇二年五月二二日日刊参照）

＊7 「琉球八社」とは、波ノ上宮、沖宮、安里八幡宮、末吉宮、識名宮、天久宮、普天間宮、金武宮を総称して呼んだもので、何れも真言宗の寺院が併設された。この八社のうち、安里八幡宮を除く七社は熊野三神権現を祀っている。（琉球新報社編『沖縄コンパクト事典』琉球新報社、二〇〇一年参照）

＊8 八咫烏は熊野三山のシンボルであり、『日本書紀』に拠ると神武天皇東征の際に熊野の道案内をした鳥であり、もし誓いを破ると烏が一羽死んで、本人も地獄へ落ちると言われている。

＊9 伊勢神宮を中心とする伊勢神話圏は、朝廷の存在する大和の真東にあり、〈東の果ての国〉つまり「常世国」としてイメージされてきた。大和から見て東の最果てである伊勢地域は、この世ながらの東の神界「常世」として、西の人間界である大和に相対せられていたと推測されよう。伊勢地域は東西という方位軸の関係において、この現世における日出づる神界、いわゆる東の他界であったのである。「神界」や「常世」などの美称が冠せられるものの、つまるところは〈あの世〉、即ち〈後生〉であり、天照大神の祖霊の鎮まる処であった。それ故に大和朝廷を統べた現世の天皇にとって、「伊勢神話圏」というトポスは、生身で踏むことは禁忌（タブー）だったのである。実際、明治時代に至るまで、天皇の伊勢神宮への行幸がなされなかったことに関して諸説あるが、「大和朝廷にとって伊勢神話圏は皇室専用の神界であり常世であった」と捉える立場が妥当であろう。

＊10 鎌田東二『ウズメとサルタヒコの神話学』大和書房、二〇〇〇年、一四五～一四六頁参照。

＊11 喜舎場永珣『八重山民俗誌　上巻・下巻』沖縄タイムス社、一九七七年、三二七～三三一頁。

＊12 下野敏見「フェーヌシマ踊りはどこからきたのか――起源と伝播を探る　■12」琉球新報、二〇〇一年八月二日日刊参照。

＊13 黒島同著、一六〇頁参照。

＊14 黒島同著、一六二頁参照。

＊15 「ミルク神」については、第三章の注釈＊33を参照。

＊16「嘉保根御嶽」については、第一章の注釈＊4を参照。嘉保根御嶽は「カブニオン、アーリヤマ」と呼ばれ、小浜島にある御嶽で当初東海岸近くにあったのが、島の中央近くに移転した。上納を首里に運ぶ兄のために妹が航海安全を祈願し、願いが叶ったことに感謝して建てられたという「ウナイ神信仰」に基づく御嶽である。竜宮の神を祀り、航海安全の祈願なども行う。
＊17〈弥勒信仰〉については、第三章の注釈＊36を参照。
＊18 喜舎場永珣『八重山民謡誌』沖縄タイムス出版部、一九六七年、九四頁参照。
＊19 司馬遼太郎『街道をゆく19　中国・江南のみち』朝日文庫、一九八七年、一九二～一九六頁参照。
＊20 柳田國男の「海上の道」というコンセプトは、一九二〇年から二一年にかけて九州の東海岸から奄美諸島・沖縄本島・宮古諸島・八重山諸島を旅行した時に生まれ、紀行文と論考を著書『海上の道』や『海南小記』の中で固定化していった概念である。ミルク節も日本文化の北上説を補論する要素として捉えられている。
＊21〈補陀洛信仰〉については第三章の注釈＊34を参照。
＊22〈常世信仰〉とは古代日本人の他界観の一つで、「常世」を生と死が一体となった世界と考えられていた。すなわち、神霊の宿る肯定的な世界と、死霊の集う否定的な世界の二側面を併せ持つ、異界と想定されていたのである。それが中世になると仏教などの影響を受け、「根の国」や「黄泉国」として扱われるようになった。（木崎同著、六〇頁参照）
＊23〈蓬莱信仰〉とは、発祥の地である中国から見て東方彼方の海上にあるとされ、不老不死、食物豊穣の島として想像された。この仙境の島を探して、そこに身を置くことを願うことを一義とした信仰であり、後に徐福信仰とも結び付られた。（木崎同著、六〇頁参照）
＊24〈シャーマニズム〉については、第三章の注釈＊43を参照。
＊25 諏訪春雄、川村湊編『訪れる神々――神・鬼・モノ・異人』雄山閣出版、一九九七年参照。
＊26 宮良賢貞同著、四～五頁参照。
＊27 前盛同著、三二頁参照。
＊28 御嶽は杜で構造には一定のきまりがある。基本的には、木々に囲まれた空間で、入口（鳥居があ

ることが多い）の先に簡素な拝殿があり、ここで祭祀を執り行う。拝殿の奥には「イビ」という石積みで囲まれた空間があり、ここに神霊が降臨するとされる。拝殿と「イビ」の関係は、日本本土の神社における拝殿と本殿の関係と同じものと考えてよいであろう。「イビ」の入口には石積の小さなアーチがあることが多く、一般的には香炉が置かれている。（波照間永吉「南島八重山の祭祀論序説」『弧琉球叢書4　南島祭祀歌謡の研究』砂子屋書房、一九九九年、二六〜三六頁参照）

＊29　比嘉豊光『光るナナムイの神々』風土社、二〇〇一年、二〇頁参照。

＊30　仲松弥秀「御嶽」『沖縄大百科事典』沖縄タイムス社、一九八三年。

＊31　「山の神」については、第三章の注釈＊2を参照。

＊32　一般の氏子に当たる人々を「ヤマニンジュ」（山人数。ヤマ＝オン構成員）といい、血縁、婚姻、縁組みなどを通じて居住している者によって構成された部落単位の集団を指す。（波照間永吉「八重山の御嶽信仰習俗」『南島祭祀歌謡の研究』砂子屋書房、一九九九年、三七頁参照）他にほぼ同義で、「カミニンジュ」（神人数）、「マキニンジュ」（巻人数）と呼ぶ場合もある。

＊33　折口信夫「翁の発生」『折口信夫全集2』中央公論社、一九五五年、三九四頁参照。

＊34　同上、四〇四頁参照。

＊35　本田安次「序」『八重山芸能と民俗』根元書房、一九七九年、iii頁参照。

＊36　「明和大津波」に関しては、第二章の注釈＊12、第三章の＊40を参照。

＊37　小浜御嶽は「クモーオン」と呼称され、石垣市宮良集落にある御嶽である。明和の大津波の後、小浜島から宮良に強制移住させられた人々が来て、この御嶽に小浜島の照後御嶽の分神を祀った。

＊38　照後御嶽は「テダクシワン、ユンドレスクワン」とも言う。小浜島にある御嶽で、島の北側のユンドレスクにあったが、後にウテスク山、そしてコッキ、更に現在地の西山に移転して「西山御嶽」と呼ばれるようになったという。もともとは、西表島の古見の司が石垣島へ往還時に舟泊まりした場所で、神火が出るという神秘性を畏怖し、御嶽を建てたのが起源という。

＊39　喜舎場永珣『八重山歴史』国書刊行会、一九七五年、第二章の注釈＊22を参照。

＊40　「アカマタ・クロマタ」に関しては、第二章の注釈＊22を参照。「アカマタ・クロマタ」は世間を

中心にした祭りであり、その闇の底で恍惚と神々が芸能を繰り広げる。それは本来直視することが許されない、厳粛な秘密とタブーに満ちた神聖空間である。この神は一八世紀の文献にはすでに登場している。『八重山島諸記帳』に、「猛之御神身に草木の葉をまとい頭に稲穂を頂出現立時は豊年にして出現なく時は凶年なれは所中之人世持神と名付崇来候」とあるのがそれである。この神を祀る祭りは一七六八年には「(アカマタ・クロマタ)両人異様之支度ニ而神之真似抔いたし不宜」という理由で禁止される(『与世山親方規模帳』)が、一七九三年には禁止が解除された(『宮古島在番記』)。一八五八年には再度、禁止解除の指示が令達され(『翁長親方八重山島規模帳』)、現在に至っている。『八重山島諸記帳』に見られるように、この神は猛貌で、草木で身を覆って出現する。

＊41　黒島同著、一七七〜一七九頁参照。
＊42　「うつぐみの精神」とは、共同体意識のことを指す。
＊43　下野敏見「フェーヌシマ踊りはどこからきたのか——起源と伝播を探る■7」琉球新報、二〇〇一年七月一四日日刊参照。
＊44　熊野速玉大社では「牛胆から得る牛黄という霊薬を密教で加持祈祷に用い、これを印色として護符につかったので〈牛玉宝印〉と称したのであろう」と説明している。
＊45　木崎同著、一四頁参照。
＊46　鎌田東二「鳥と道の翁の知恵」『サルタヒコの旅 SARUTAHIKO ODYSSEY』創元社、二〇〇一年、二五一〜二五二頁参照。
＊47　「牛頭天王」に関しては、第三章の注釈＊41を参照。
＊48　折口信夫『日本藝能史六講』講談社学術文庫、一九九一年、三七頁参照。
＊49　北野天神の創建の経緯とそこに見られる修験の関与は、主として「北野天神縁起」に基づいて指摘できる。このうち御霊に関しては、具体例として挙げられるのが、貞観五年(八六三)当時蔓延した疫病を早良親王以下六人の怨霊の祟りであるとして、神泉苑においてこれを鎮め、祀るために行った御霊会の講師を勤めた慧達が、比良山の修験であったことである。また金峰山から他界に赴いて菅原道真公の怨霊である太政威徳天に逢い、当時の天変地異の原因を教えられた道賢も修験の

一人である。

第五章
マレビトが来訪した「海上の道」
——黒潮の流れに乗ってきたマレビト芸能

折口信夫は、村落共同体に来訪する神々を「マレビト」と呼んだ。琉球弧にみられる〈ミルク神〉への信仰と同じく、フェーヌシマの踊り手の姿も、海の彼方から来る異形の存在であった。フェーヌシマのきた道も、海の他界からの来訪神と重なるように、海の彼方から来訪した芸能であるとも言えよう。作家・司馬遼太郎は、「琉球の神々は天《アマ》から天降《アモ》るよりも海《アマ》からくるといった信仰がある」[*1]と述べている。確かに、琉球弧の世界観の中には、神々とは海の彼方から来る来訪神（マレビト）である……といった考え方が色濃く残されている。海の彼方の楽土を崇める「ニライカナイ信仰」と習合して、そこから五穀豊穣を運んで来る存在こそが

ニライカナイへと祈る神女（竹富島）
（撮影・アウエハント静子）

「神」なのである。とりわけ〈ミルク神〉への信仰は「ニライカナイ信仰」と習合し、海の彼方の楽土から〈世《ユー》〉、つまり、豊作・富貴を運んで来る五穀豊穣の神と考えられており、特に八重山諸島での信仰は厚い。確かに「ミルク」とは「ミロク」が琉球語（ウチナーグチ）に変化したものであり、「弥勒」のことを意味しているという。「ニライカナイ」という古来からの他界信仰と、そして、神々が現世を訪れて五穀豊穣をもたらすという来訪神信仰に、日本本土で見られるような弥勒信仰＊2が融合された。こうして、〈ミルク神〉は海上彼方から五穀の種を積み、〈ミルク世《ユー》をのせた神船〉でやって来て、年に一度の豊穣をもたらす神である……という信仰が成立したのである＊3。

　中世において、琉球人の貿易活動は実に盛んであり、その行動範囲は日本本土、朝鮮半島、中国大陸、そして遠くは、東南アジアにまで及んでいた。琉球弧では、王府による公貿易の以前から、頻繁な交易が行われていたのである。読谷村長浜も、海洋アジアの大交易の拠点であった。その交易の道、すなわち「海上の道」に沿って、〈フェーヌシマ〉や〈ミルク踊り〉という「マレビト芸能」も、また〈ダートゥーダ〉や〈ミルク〉といった来訪神への信仰も、海の彼方から伝わってきたのである。琉球弧では祭りと儀礼において、男が神に扮してマレビトとなり、また、女は神と一体化して祈り、安寧や幸福をもたらす役をする……という慣習があった。海上の異界から、季節ごとに訪れて幸いをもたらす神々を迎え、歓ばせ、送り出すこと……。その神々を奉じる芸能こそが、「マレビト芸能」の原型であったとは言えまいか。例えば、小浜島の結願祭〈キチィガン〉では、〈ダートゥーダ〉という「マレビト芸能」が奉納されるが、男たちが神に扮して演じられる。その祭場となる嘉保根御嶽（カブニオン）*4の起源は、税としての上納品を首里に運ぶ兄のために、妹が航海安全を祈願して願いが叶ったことから、〈ウナイ神〉を祀って建てられたという。島人は今も竜宮の神を祀り、航海安全の祈願を行っている。その場所で、農耕儀礼の締めくくりである結願祭も行われ、一年の願いの結びを神々に感謝し、願掛けを解くために祈るのである。その場開きを務めるのが〈ミルク神〉であった。

小浜島では〈メーラク〉とも呼ばれ、嘉保根御嶽の仮設舞台で演じる演者全員を率いて、幕開けを行う。また、南集落に伝わる〈ダートゥーダ〉は、かつて結願祭のとき、嘉保根御嶽の遊び庭で奉納された芸能であった。黒色の烏天狗面を被った仮面神は、南集落の神として登場していたのである*5。北集落のミルク信仰に基づいた「ミルク踊り」と、マレビト信仰に基づい

石垣島白保のミルク神（豊年祭）

た「ダートゥーダ」は、大正期（一九二六年）まで釣り合うように奉納されていた。小浜島の人々は、〈ダートゥーダ〉や〈ミルク〉といった神々を「来訪するモノ」として畏れ敬ってきたのである。

第一節　琉球と熊野をつなぐ〈弥勒世〉の他界観

——補陀洛信仰と南波照間（パイパティローマ）信仰のつらなり

1　マレビトのもたらす〈弥勒世〉の世界観

八重山諸島にある波照間島には、島の遥か南方に楽園の島「南波照間」（パイパティローマ）が存在する……という伝説がある。それが他界信仰となり、海の彼方から〈弥勒世《ミルクユー》〉をもたらす「南波照間信仰」にも繋がっている。作家の司馬遼太郎が次のように指摘している。

沖縄の神々は、砂漠の民の神が天から来るのとはちがい、海から来る。古い日本語でも、宗教的な空のことをアマ（アメ）と言い、同時に海をもアマというように、海というのは神聖者が渡来してくる道なのである。神聖者が渡来するには、出発する島が要る。南波照間島は、そういう理由で幻出してきたものであるかもしれない。（司馬遼太郎『街道をゆく6—沖縄・先島への道』朝日新聞社、一九七八年、一一一頁より）

八重山の言葉で「パイ」は「南」、「パティローマ」は「波照間」の意味、つまり「パイパティローマ」とは「南波照間」ということになる。琉球弧には、海の彼方に神々が棲む異郷「ニライカナイ」があると信じられており、この「南波照間島」伝説もその一種の変型と捉えることができよう。司馬は『街道をゆく6―沖縄・先島への道』において、「南波照間島は、海中にあるという普陀落山《ふだらくせん》と似たものであろうか」と述べている*6。かつての人々の南への憧憬が、琉球では「南波照間島」伝説として、そして、熊野をはじめ日本本土では「普陀落山」(補陀洛山)という他界観として残った……というのである。海の水平線の向こうの「ここではない、どこか」に想いを馳せる時、そこから訪れる豊穣神である〈ミルク神〉へのイメージが、人々を弥勒信仰へと駆り立てたのであろう。

　司馬は冷静な視点から、「中世における琉球人の貿易活動はじつに盛んなもので、その行動圏は日本、朝鮮、中国、そして遠く東南アジアにまで及んでいたことは、諸記録をみてもあきらかである*7」と指摘している。琉球人は琉球王朝による公貿易(一四二〇~一五七〇年)のほか、八重山諸島独自に東南アジアと頻繁な貿易を行っており、それは八重山の人々が王朝の支配下におかれた後(一五〇〇年以降)も密かに続けていた

補陀洛渡海船(補陀洛山寺)

竹富島のミルク神（種取祭）

那覇市首里赤田のミルク
（撮影・小出由美）

竹富島の弥勒奉安殿

江蘇省寒山寺の弥勒

と推測できる。これらを踏まえれば、ミルク仮面やミルク信仰もその交易の道、すなわち〈海上の道〉に沿って来訪してきたと言えまいか。

宮良賢貞は、幻の島の伝説である「南波照間島」の考察を展開する中で、八重山の歌である「古見の浦節」や「弥勒節」の歌詞に注目した。歌詞に出てくる香料「伽羅《きゃら》」や「沈香《じんこう》」がマラッカまで行かないと入手できないことから、八重山の密貿易がマラッカまで及んでいたと類推している。したがって、「南波照間島」の想定された場所として、ルソンやセブをさらに南下した「マラッカ説」を唱えている。高良倉吉は歴史学的な観点から、『八重山島年来記』に記されている「平田村」は、伝承にある「ヤグ村」を含む行政区画であり、「大波照間与申南之島」という言い回しで「南波照間島」が表現されていると指摘している。史実では一六三七年より人頭税が施行され、その十一年後に島民の脱走があったと伝えられており、史実と伝承の整合性を主張している＊8。一方で、「南波照間島」に該当する場所が実在することについて、否定的な見方もある。永積安明は、古老の一人が、――アカマリ等は当ても無く島から脱出した――という伝承を語っていたと報告している＊9。

司馬遼太郎が直感したように、琉球弧の「南波照間島」伝説を熊野の「補陀洛渡海《ふだらくとかい》」＊10に絡めた立場を主張する研究者もいる。ちなみに「補陀洛渡海」とは、古代、都人（京都の人々）にとって最南端であった熊野から、遥か南方の海上にある「補陀洛」に向かって船出することを指す。それは現世に見切りをつけ、あの世へと旅立つ一種の自殺行為である一方で、食糧を積み込んで出かけるという、〈常世〉の実在を信じた行為でもあった。この「補陀洛渡海」との比較を試みたのが田畑博子であり、「南波照間島」とは人々の中にある〈南への脱出の傾向性〉が生んだ伝説であると捉えている[*11]。また石垣繁も、〈南への志向性〉を「補陀洛渡海」と「ニライカナイ信仰」との関連性を交えて論じている。それに拠れば、海の彼方の他界観は、「いにしえの民族移動の記憶の中にある故郷への想いである」という柳田國男の見解を紹介しつつ、「南波照間島」の伝説は、島を脱出した人々がいたという史実が、そのような〈南への志向性〉によって熟成され説話化したものであると論じている[*12]。司馬が「南波照間島は、海中にあるという普陀落山と似たものであろうか」[*13]と触れているのは、このような信仰形態の類似性に着目したからであろう。

琉球弧の人々が抱いた他界観が、〈ミルク神〉の登場する祭祀空間において如何に再現されているのか……。そこに注目することこそ、ミルク信仰の本質が見出せる。ミルク仮面のルーツは、台湾やベトナムをはじめとして東シナ海域の周縁にまで広げて俯瞰することができる。喜舎場永珣の『八重山民謡誌』における見解[*14]に拠れば、八重山のミルク神は南方（東南アジア）の「安南」（ベトナム付近）から伝来したという。そのミルク神の仮面は、「面《めん》」などのように単なる民具の名詞として直接的に呼ばれることはなく、「ウムティ」（おもて）などと敬称されて〈神の顔〉として扱われた。なぜなら、この神は豊年祭（プーリ）や結願祭（キィツガン）に現れる重要な存在であり、農作物の豊穣と社会の平安をもたらす「マレビト」の機能を持っているからである。この神の登場とともに、ミルク節が歌われるようになったのは、そのルーツは「安南」（ベトナム付近）にあるとされるからであり、歌詞にある「大国ぬミルク

我が島にいもち　うかきぶせ　みしよーり　島ぬあるじ」の「大国」は「安南」のことを指しているという解釈[15]がある。他方で、発音から「泰国」（タイ付近）であるという説と、「大国」という文字通りの意味から「中国」である……といった様々な見解がある[16]。

　ところで、八重山諸島で最初にミルク神が出現するようになったのは、登野城の豊年祭であると言われている。伝承に拠れば、黒島の役人をしていた大浜用倫が、一七九一年に公務で首里に向かう海路で嵐に遭って安南に漂着し、その際に当地の豊年祭で祀られていた弥勒に感激し、仮面と衣装を譲り受けたという[17]。彼はその後首里にたどり着いたが、直ぐに八重山に戻ることができなかったため、随行者に仮面と衣装、そして彼の作となるミルク節を託したのである。ちなみに、ミルク節の作者は大浜用倫と新城筑登之《チクドン》の両名になっている。登野城のミルク仮面が伝来した後[18]、ミルク神は急速に八重山一帯に広まった。与那国島まで伝わった後で、黒潮の道に沿って沖縄本島の南部沿岸に伝播したと言われている[19]。

　石垣島白保の豊年祭（プーリ）では、〈ミルク神〉は福々しい仮面に大礼服のような袖長、大きな軍配を持って登場する。後ろには、子供二人がミルクの袖を持って歩く。さらにその後を、絣を着た女性が続き、稲・粟の種がのった盆を持って、年配の男性達の三線にあわせてミルク節を歌い、「ミルク世ば給うらる。稲の世ば給うらる」と祈願する[20]。波照間島の〈ミルク神〉は、旧盆中日（旧暦七月十四日）に執り行われる「ムシャーマ」という祭祀で現れ、仮装行列（道ジュネー）の先頭を練り歩く。その神も同じく、不思議な顔をした白い仮面を被り、黄色い服をまとってゆっくりと優雅な動きで行列を導く。このような〈ミルク神〉は、石垣島、波照間島だけでなく、現在も八重山一帯の島々の祭祀で現れる。〈ミルク神〉に関係した祭祀も多様であり、豊年祭（プーリ）・結願祭（キィツガン）・節祭（シチマチリ）などで、この仮面神は登場する。結願祭に〈ミルク神〉が登場する集落は、石垣島の川平・登野城、小浜島などがある。石垣島の白保・大浜、黒島、鳩間島、波照間島では豊年祭に出現する。また、竹富島では種取祭（タナドゥイ）に、西表島の祖納では節祭（シチマチリ）に現れる。

沖縄本島では、〈ミルク神〉は那覇市首里に伝えられているが、とりわけ旧赤田村のミルク祭祀は有名である。そのミルク祭祀は「弥勒御迎え」（ミルクウンケー）と呼ばれ、旧暦七月十六日に出現し、集落内を練り歩く。「御迎え」（ウンケー）と言われているように、来訪神（マレビト）として村人に迎え入れられている。かつてミルク仮面は、赤田にあった「首里殿内《スンドゥンチ》」（女性神官の屋敷）に祀られていた。旧盆の後に、〈ミルク神〉を先頭にした行列が集落内を練り歩き、豊穣、健康、繁栄を祈願したという。その時に「赤田首里殿内《アカタスンドゥンチ》」という節が歌われる。この歌はわらべ歌として親しまれているが、その旋律は途中まで「ミルク節」と全く同じである。〈ミルク神〉の姿については既に述べたように、赤田の神も着物をはだけて太鼓腹を見せ、福々しい表情の仮面を着けている。

琉球弧で見られるミルク仮面は、七福神の布袋の姿をしており、日本本土で見られる弥勒仏とは全くかけ離れた容姿をしている。これに関しては、琉球弧の〈ミルク神〉の風貌が、日本本土経由ではなく、布袋和尚を弥勒菩薩の化生と考える中国南部の弥勒信仰に強い影響を受けた……という見方ができるであろう*21。歴史的には、布袋和尚は中国に実在した人物と考えられ、唐末期、宋、元、元末期の四人の僧が「布袋」として崇められている。その姿は、大きな腹をし、大きな布袋をかついで杖をつき、各地を放浪したと言い伝えられている。このような弥勒信仰は、中国南部から、インドシナ半島にあった安南にも広まった。さらには琉球弧にも伝播し、もともと伝来していた仏教観やニライカナイ信仰と結びついて、「ミルク神は豊穣をもたらす来訪神（マレビト）」と信じられるようになったという見解もある[22]。

〈弥勒世《ミルクユー》〉とは「過去にあった理想的な豊穣の世の中」という意味であり、島人たちが「神遊び」をする祭祀の中で、その様子を再現したのが「ミルク踊り」であると考えられる。これを踏まえれば、「ミルク踊り」とは、理想的な時空を再現しているという祭礼の本質を表したものである……と言えよう。弥勒菩薩の元来の役割は、釈迦入滅後五六億七〇〇〇万年後にこの世に現れ、竜華三会の説法によって釈迦の救いから漏れた人を救う……という未来志向の来訪神信仰である。ミルク信仰は、仏教的要素を取り込むかたちで習合し、成熟していったのである。

琉球弧には多くの「マレビト芸能」があるが、豊饒をもたらす〈ミルク神〉を演じた「ミルク芸能」のように、「フェーヌシマ」も来訪神や異人のなす業として崇

ハノイで収集したDi lac（ジーラァ）の置物

めていたのかもしれない。結願祭や豊年祭などの季節の変り目に、異様な姿に扮した踊り手たちは「ミルク芸能」や「フェーヌシマ」を奉納し、神々をもてなすために踊っていた……とは言えないであろうか。

2　マレビトが行き来する「海上の道」

日本本土の弥勒菩薩のイメージは、琉球弧の〈ミルク神〉と如何に重なり合っているのであろうか……。

〈ミルク神〉は、外見上は「布袋」に擬せられるが、観念的には「弥勒」として扱われている。福々しい顔相で大きな耳をした仮面を被り、黄色の着物を着け、右手に大きな軍配団扇を持ち、左手で杖を突いてゆっくりと練り歩く。確かに、この神の姿は痩身の女性的な弥勒像からは程遠い。図像学的な見方からすれば、日本本土の弥勒菩薩とは違って、琉球弧の〈ミルク神〉は中国・江南経由で伝わってきたものを受容したものである……とも推測できよう。すなわち、〈ミルク神〉が七福神の「布袋」のような扮装であることに対する解釈として、その起源は中国東南部における弥勒仏像の姿の変容によるものであり、中国風の容貌をそのまま受け入れたのではないか……と指摘できるのである。柳宗悦は「古日本の鏡としての琉球」という視点を提示したが、司馬遼太郎が『街道をゆく―中国・江南のみち』で描いた「弥勒」にもあるように[*23]、「古日本の鏡」としての琉球弧の〈ミルク神〉が写し出されているとは言えまいか。

〈ミルク神〉の図像学的イメージを理解するには、弥勒信仰のコスモロジーが伝播した経路が、仮面来訪神の分布図と重なり合っていることが重要になってくる。つまり、黒潮の流れに沿った「弥勒節」の伝播ルートと重なるように、琉球弧の〈ミルク神〉から日本本土の弥勒菩薩への繋がりを見出さなければならない。八重山諸島の〈ミルク神〉は、仮面・仮装の側面からすれば、中国や東南アジアの系統に属するという見方が強い。だが一方で、日本本土の海上信仰が琉球弧の他界観に影響を与えたのも事実であり、本土の弥勒信仰に由来した神仏観念が「ミルク芸能」には込められている。

日本本土においては、一二世紀頃の禅宗から、「布袋」を「弥勒」の化身とする弥勒信仰が始まった。その歴史を遡れば、インドから発祥して大乗仏教の発展とともに、未来仏としての弥勒信仰が広まったことに行き着く。この信仰は、中央アジアから中国大陸、朝鮮半島、日本本土へと伝播した。「ミロク」という発音は、梵語の「マイトレヤ」の写音であると言われている*24。弥勒は釈迦の高弟であったが若死にしたため、惜しまれて理想化される形で伝説化されたという。仏教では、釈迦入滅後、五六億七〇〇〇万年後にこの世に出現し、釈迦仏が救済しきれなかった衆生を救う来訪仏が〈弥勒菩薩〉とされた。この神が信仰の対象として崇められるようになり、「未来は弥勒の出現によって民衆の救済が約束される」という宗教観が、浄土信仰として普及するに至ったのである*25。そのため、弥勒信仰は、「弥勒が下生して〈弥勒世《ミルクユー》〉が出現するのを待ち望む」という一種の救世主信仰（メシアニズム）と位置付けられた。

日本本土では、奈良時代になって、弥勒仏を本尊とする寺院が奈良に建てられ始め、平安末期には弥勒と絡めた浄土観が説かれるようになった。中国唐代の禅僧である布袋和尚が弥勒菩薩の化生と崇められ、七福神の一神として京都の祭礼の行列に登場したのは室町時代とされている。その後、鎌倉時代の禅宗において、中国に実在したとされる布袋和尚を弥勒の化身とする信仰が起こった。四人いたとされる布袋和尚の中でも、唐代の禅僧は〈契此《かいし》〉と呼ばれ、唐時代末の混乱期に弥勒下生をすると信じられていたのである。その風貌も「太り腹で布袋を持ち、杖をついて、大勢の子供を率いていた」と言われ、布袋和尚と弥勒菩薩の容姿が同一のものであった[*26]。しかし室町時代に入ると、京衆の間では、金運を求める現世利益に対応する民間信仰として〈七福神信仰〉が誕生した。布袋和尚と弥勒菩薩もその中に含まれているが、この二神は異なった存在として扱われるようになった。

ベトナムのハノイ近郊の村落では、旧暦一〇月一〇日の豊年祭に弥勒行列が出現する。ベトナム研究者の那須泉に拠れば、この弥勒神は土地の神・福の神であり、「Di lac」(ジーラァ)もしくは「Ong bo lo」(オンボアロー)と呼ばれている。民族学者の劉剛の見解では、弥勒菩薩を中国の雲南省南部で「Mi-la」(ミィーラ)、福建省で「Mila」(ミィラ)と呼んでおり、漢語から派生したとされるベトナム語「Di lac」(ジーラァ)と発音が近いという。これを考慮すれば、弥勒神「Di lac」(ジーラァ)は琉球弧の〈ミルク神〉に類似しているという。以上を鑑みるに、ミルク仮面はベトナムから直に八重山諸島に伝えられた……という安南伝播説は否定できない。だが、中国南東部の弥勒信仰が、陸で隣接するベトナムと琉球諸島にそれぞれ伝播した……という推測もできよう。

また、旧暦一月一日の「Tet」(テト)と旧暦八月一五日の「Ram Trung thu」(中秋節)に、〈ミルク神〉と似た仮面神が龍踊りや獅子舞の中で現れるという*27。この仮面神は財の神であり「Ong dia」(オンディア)と呼ばれている。マレビトの神々は、少しづつ、その神格を異にしながらも、〈弥勒世《ミルクユー》〉の豊穣をもたらすという点で一致している。

ところで、八重山諸島において〈ミルク神〉は女性として扱われ、子孫を引き連れ行列してくるモティーフが「ミルク芸能」で再現される。しかし、〈ミルク神〉の扮装は中国南東部の弥勒菩薩と似ており、禅僧をモデルとしている可能性については先にも述べた。確かに、弥勒

安南(ベトナム付近)のハロン湾

ベトナムのOng dia(オンディア)

石垣島のミルク仮面(左)・ハノイのDi lac(ジーラァ)の仮面(右)

菩薩信仰は、歴史上の人物である布袋和尚が崇められるようになったという経緯を辿っており、その元型は男性の聖者が神格化されたもの……という見方が優勢である。ところが、本田安次が著した『沖縄の祭と芸能』の記述にもあるように[*28]、鳩間島の豊年祭では、過去においては仮面が着用されておらず、青い着物をまとい、クバの葉を頭から被った〈ミルク神〉が出現していたという調査報告もある。これは、ミルクの存在が、仮面が伝播される以前において、「アカマタ・クロマタ」[*29]のような草荘神であったことを意味する。〈ミルク神〉の神格を定義する上で、男神か、女神かは明確に区別できないが、プリミティブな意味で、両性的な自然神であると言えよう。

これらを踏まえれば、琉球弧の〈ミルク神〉は、外見上は中国南東部の弥勒菩薩であるが、観念的には日本本土の弥勒信仰と深く結びついている……という重層的な存在であることが分かる。そして元々の形は、両性的な豊穣神であり、アニミズム（自然崇拝）に基づいた草壮神であった。「ミルク芸能」に関しては、仮面や扮装に限って考察すれば、中国南部や東南アジアの系統に属するという見方ができる。そして、海上信仰と来訪神信仰が混交した「ミルク信仰」は、日本本土の影響を受けて成立したと考えられる。つまり、中国伝播説と日本本土伝播説が折衷された視点から、アニミズムの要素をまとった「ミルク信仰」として捉えるのが妥当ではなかろうか。

柳田國男の「海上の道」というコンセプト[*30]は、一九二〇年から二一年にかけて、九州の東海岸から奄美諸島・沖縄本島・宮古諸島・八重山諸島を旅行した時の紀行文と論考を、『海上の道』や『海南小記』の中で固定化していったものである。「弥勒節」も日本文化の北上説を補論する要素として捉えられている[*31]。房総・相模・伊豆の海岸地帯でも、稲の稔りを運ぶ「ミロク歌」や「鹿島踊り」が伝承されていることを踏まえれば、日本本土の弥勒信仰との相互関係も考察しなければなるまい。八重山から遥か二〇〇〇キロメートル離れた本州にも、ミルクに纏わる歌謡として「ミロク歌」が残っている。それは茨城県の鹿島地方においてであるが、ここでの「ミロク歌」や「ミロク踊り」では、〈弥勒の船〉が鹿島灘に到来する……と歌われている。この歌は他にも本州の太平洋岸に点在している。柳田は、「海上の道」の根拠の一つとして記述しており[*32]、八重山から稲作が北上し、黒潮の流れに乗って伝わった証拠とも考えた。この仮説は、黒潮に育まれた人々の〈南方の島々〉への憧憬でもあり、「原日本人」の〈常民〉としての他界観を言語化したものであるとは言えまいか。まさに「海上の道」の概念は、八重山に伝わる「南波照間島」（パイパティローマ）伝説の影響を受け、そのコスモロジーを導入して成立したのである。

　時代的な前後関係や日本本土における弥勒信仰との関係から考察すると、「ミロク踊り」が直に八重山諸島から伝わったことについては疑問視されている。しかし、黒潮の流れと「ミロク歌」の伝播には何らかの関係があることは否定できない。この解明に

黒潮の道（琉球新報2001年8月9日日刊より）

は、ミルクという仮面神に籠められた二つの海上信仰が、キーワードとして重要となってくる。それは「弥勒信仰」と「補陀洛信仰」*33である。来訪神信仰と他界信仰が融合した「ミルク信仰」は、日本本土の「弥勒信仰」や熊野の「補陀洛信仰」から、大きな影響を受けているのは間違いない。

以上のように〈ミルク神〉というマレビトのルーツが諸説乱立しているのだが、これは一体どういうことなのであろうか。台湾やベトナムにおいては、現在もミルク仮面が出現するのを鑑みるに、八重山一帯に分布するミルク仮面群は、琉球弧から海洋アジアへと繋がっていく〈黒潮文化〉の一つの表象であったとは言えまいか。

第二節　琉球と熊野をむすぶ眼差し
――黒潮に乗ったマレビトの神々

前節でも触れたが、柳田國男の仮説「海上の道」、すなわち「稲の道黒潮北上説」の真偽は今後の研究課題となろう。だが、少なくとも仮面来訪神の分布から読み取れることは、その伝播経路が黒潮の流れに沿って、琉球弧から南九州にかけて記紀神話と縁のある聖地が重なっているという事実である。確かに仮面芸能の分布は、九州南部の鹿児島から奄美諸島、宮古諸島、八重山諸島にかけて点在しており、主として琉球弧の多島海に集中しているのが特徴である。

記紀神話のサルタヒコに関して言えば、漢字表記の〈猿田彦〉の「サルダ」の起源は、琉球語

熊野那智大社から見た熊野灘

の「サダル」と関連があるとの解釈もある。柳宗悦は「古日本の鏡としての琉球」という視点を提示したが、言語学的な観点からも、サルタヒコ神話の原型は琉球弧という「古日本の鏡」から写し出されている……とは言えまいか。

　そして大変興味深いことに、琉球弧にある伊平屋島の七離れの一つに、島とも言えない程に小さな「降神島」がある……。これこそは昔々、神の降臨した霊地とされ、降神《ウルガミ》と島名がついたと伝えられており、開闢神話としての聖地である〈南九州の高千穂〉との関連を彷彿とさせる。徳川時代の史学者・藤井貞幹は、「日本の発祥たる天照大神の天の岩戸は、伊平屋島の籠屋である」と提唱し、「衝口発」の中で「神武天皇は恵平也島に御生まれであり、御母玉依姫《タマヨリヒメ》は海宮《アマミヤ》、豊玉産の女、海宮とは琉球の恵平也なり」と唱えた。更には「天皇はこの島に於て、日本のことを探り、東征の軍を計った」と述べ、国学者・本居宣長を憤慨せしめたことは有名である。当該説によれば、日本の開闢をなしている天照大神の天巌戸は、恵平也島田名の東北部に位置する「クマヤ」であるという見解を示している。

　この論争に関しては、琉球弧に記紀神話の起源があることに対する真偽の如何が問題なのではない。記紀神話のコスモロジーが伝播している経路が、仮面来訪神の分布図と重なり合っていることが重要な視点なのである。黒潮の流れに沿った開闢神話の伝播ルートと重なるように、琉球弧のフェーヌシマから南九州の棒踊り・棒術へのルーツが垣間見えるのである。小浜島のマレビト芸能の「ダートゥーダ」は、フェーヌシマの系統に属しており、南九州の大和芸能である棒踊り・棒術が南下し、琉球文化圏に伝播した文化表象の一つとも見なされている。記紀神話に由来した精神性が、このマレビト芸能の古層に眠っている……と言ってもよかろう。

そして伊波普猷の仮説をもとに谷川健一が提唱したように*34、宮古島狩俣の祖神祭〈ウヤガン〉に登場する「サダル神」はサルタヒコの起源であると捉えることは、琉球弧と記紀神話の深い関係を示唆している。記紀神話では、天津神と国津神を媒介する神がサルタヒコであるが、琉球弧の祭祀でその神話的役目を果たすのが、集落の元家の男たちが扮する〈根人《ニッチュ》〉〈大《ウ》比屋《ヒヤ》〉〈大五良《ウフグラー》〉である。マレビトの来訪や降臨の前において、集落の長が、神の通り道を露払いする。その所作を「サダル」と言うが、それは神々の行列を先導する神話的芸能であり、サルタヒコ神話のモティーフと重なってくる。つまり、「サダル」（神の通り道を露払い）して、〈神迎え〉をし、「反閇《へんばい》」による〈鎮魂《タマシズメ》〉を行う〈神遊び〉をへて〈神送り〉をする…という構成となっている。記紀神話のモティーフから琉球弧の祭祀を解釈することで、神々の到来を再現した祭祀空間を解明できるわけである。〈烏天狗神〉に関しては、「行疫神」として崇められ、魔除けや厄病払いを司る来訪神として機能していた。修験道の流れをくむ大和芸能に見られる「反閇《へんばい》」は、〈鎮魂《タマシズメ》〉の所作であり、それを演じたのが、小浜島のマレビト芸能「ダートウーダ」であることは明白であろう。サルタヒコ神話と烏天狗神をめぐる「海上の道」は、ここに浮び上がってくる。

この「海上の道」が、民俗学・神話学やその周辺領域で提唱されるようになった原点は、日本民俗学の礎石を築いた柳田國男が、南島研究のフィールドワークの成果を『海上の道』や『海南小記』の中で集大成したことに始まっている。その柳田が、八重山諸島に足跡を残してから八〇年となる二〇〇一年を記念して、石垣島の東海岸・白保の真謝《パマダシ》浜に記念碑が建てられた。その歌碑には「あらはまの　まさごにまじる　宝貝　むなしき名さへ　なほうもれつつ」と彼自身が詠った和歌が刻印されている。「宝貝」という言葉からは、「原日本人」が黒潮のルートを辿ったという仮説を着想した原点が感じられまいか*35。もちろん「稲の道黒潮北上説」に関しては、その真偽は諸説ある。しかし歴史学の観点からすれば、琉球弧から黒潮に沿った交易ルートは、古来より「原日本人」が「海上の道」として拓いていたのも事実である。柳田の指摘によれば、古来より宝貝に魅せられ、中国大陸から宮古島に渡った古代人がいたという。古代の貨幣として流通していた宝貝は、宮古島の八重干瀬《やえびし》から豊富に産出されたからであ

八重干瀬と大神島

る。宝貝の交易の軌跡はそういった意味で、赤米の伝来ルートとも大きく関係しており、「稲の黒潮北上説」と密接に絡みあう。稲作技術を携えた古代人が黒潮の道に導かれ、海の彼方の異郷「ニライカナイ」から来訪神（マレビト）が豊穣の穀物をもたらす…という他界神話を運んだのであった。更に彼らは、このコスモロジーに基づいた来訪神の祭祀や仮面芸能をも連綿と広めていったのである。「海上の道」における〈黒潮の導き〉こそが、「原日本人」の神話である〈サルタヒコの導き〉を生み出したのではなかったか……。「宝貝」というキーワードからは、まさに、マレビトの神々が発生した痕跡を見出すことができよう。

そして、もう一つ、「海上の道」という想像力を巡らすには、「椰子の実」の存在を忘れてはならない。かの島崎藤村が、伊良湖岬（愛知県渥美町）にて打ち寄せられている椰子の実を見て、黒潮の流れの先にある南方の島影を憶い詠んだ。それが「名も知らぬ　遠き島より　流れ寄る　椰子の実ひとつ」という詩である。「名も知らぬ　遠き島」のフレーズには、黒潮の流れに沿って連なる〈琉球弧の島々〉への憧憬の念が織り込まれているという解釈がある。ここに、柳田國男の「海上の道」の仮説と、島崎藤村の「椰子の実」の叙事詩のロマンティシズムが交錯する。この藤村のロマンを実現させようと、二〇〇一年に椰子の実が石垣島から放流された。実際、これらの実は黒潮の流れに乗って、約一六〇〇キロメートル離れた伊良湖岬に漂着した。この試みは、琉球新報の二〇〇一年八月九日日刊に「藤村のロマン再現　一六〇〇キロ」という記事*36で紹介され、沖縄県内では話題となった。海神《わだつみ》の遥かなる国から漂ってきた椰子の実が、終着地である熊野神話圏に流れ着き、根づいて芽を吹く姿は、琉球弧の「サダル神」と重なるサルタヒコそのものでなかったであろうか。

琉球弧とサルタヒコを繫ぐ「海上の道」を裏づける視点は、沖縄学の祖である伊波普猷も論考「猿田彦神の語源を発見するまで」の中で展開している[*37]。柳田の北上説に否定的な立場をとりつつも、一九二一年に『国学院雑誌』（二八巻五号）において公表された当論考の中で、《もし私に最後に一言いうことを許されるなら、日本内地だけの歴史・比較的研究で解決の出来ない問題は、この『天然の古物博物館』まで来なければ、解決が出来ないといいたいのです》と述べている。つまり、サルタヒコ神話の起源を求めるのであれば、琉球弧まで足を運ぶべきである……と提起しているのである。『天然の古物博物館』とは無論、マレビトが来訪する沖縄諸島のことを指しているは加筆するまでもなかろう。

このように、サルタヒコを琉球弧から抽出する眼差しは、伊波普猷の一論考から始まっている。「猿田彦神の語源を発見するまで」では左記のように結んでいる。

「附記、折口兄、八重山群島にサダルという言葉が有るか無いか未だ判然せないと申し上げましたが、今は八重山の喜舎場永珣君が図書館に寄ってくれたのを幸

猿田彦神社の御神田

折口信夫が赴いた大王岬

大王岬から南西を臨む

琉球八社の一つ波上宮（波上宮提供）

い、早速聞いて見ました。あそこはワーサダギハリヨー〈汝は先行け〉、ワーサダギナリヨー〈汝は先になれ〉という形でのこっていることがわかりました。」

「神々を見る信仰」と「神々を演じる芸能」という主題を考えることは、神と人との関係性を追求することであり、極めて精神性の深い営みであると言える。折口信夫は、マレビトを演じる芸能や祭祀を目の当たりにし、琉球弧の神々の古層を見出した。精神史の領域から捉えた折口の目に狂いはなく、マレビトの本質を鋭く描き出したのである。彼の眼力は、黎明期の日本民俗学においては卓越した慧眼であり、今も揺らぐことはない。古代的なものがなお生きている琉球弧において、マレビトとは、異人・異神として村落共同体を活性化させる「来訪するモノ」であった。神々への漠然とした観念、直覚的な感情を折口は言語化し、古代人の崇めた神の在り所に想いを凝らしたのであった。彼は大王岬から海の彼方を想い、実際に琉球弧に赴いて、マレビトの祭祀と出会い、古代人の「間歇遺伝《あたゐずむ》」なるものを直感したのであった。

僕は、折口のいう「マレビト」や「芸能の発生」の原風景を、〈琉球と熊野をむすぶ神々〉を演じた「マレビト芸能」から垣間見た。確かに、本書の副題にもなった〈琉球と熊野をむすぶ神々〉というコンセプトには、いささか奇妙な感じがするかもしれない。しかし、二つの地はずいぶん疎遠なような気がするが、琉球弧には熊野権現が厚く祀られているのも事実である。琉球王国が「万国津梁」を掲げ、様々な地域と交易していたということを考えれば、日本本土から流入した熊野信仰の痕跡についても着目しなければなるまい。琉球弧に点在する熊野権現の聖地は、そうした神々の足跡でもある。

熊野信仰と関係の深い聖地は、沖縄本島では「琉球八社」として残っている。浄土宗の僧侶である袋中が執筆した『琉球神道記』（一六〇五年）に拠れば、八社のうち、金武宮以外の七権現について「当国大社七処アリ。六処は倭ノ熊野権現。一処ハ八幡大菩薩ナリ」と記されている。したがって、一六〇五年頃までには熊野信仰が伝播し、「大社」といわれるほどの聖地が形成されていたということになる。その「琉球八社」の一つである波上宮は、那覇市にある自宅からも近く、僕は年三回ほど参拝している。その神殿は、那覇港の近くの高い崖にそびえ立っている。その社の前を黒潮がゆうゆうと横切っているわけであるが、その流れは遥か彼方の熊野灘の舳先を洗っている。「黒潮にのったダイレクトなすじ」は、琉球から九州、四国を経て、熊野へと続いているのか……と想像力を馳せさせる。

誰が、いつ、琉球弧に熊野権現を祀ったのか……。学術的には諸説ある。しかし史実ではなく説話を信じるとするならば、「琉球弧に熊野信仰を伝えたのは誰なのか」という疑問に答える仮説が無いわけではない。まず、琉球出身の僧が日本本土から持ち帰って伝播したという仮説がある。例えば、『琉球神道記』の「末吉権現事」には、日本本土へ修行に行った鶴翁による勧請という記載がある。一方で、補陀洛落渡海《ふだらくとかい》を志した本土の僧が沖縄本島にたどり着いたという仮説もあり、僕としてはこの説に関心がある。

補陀洛渡海とは、南方の海上にあるとされる「観音浄土」（補陀洛山）へと往生するために船出する捨身行を指す。この修行の思想は、〈常世信仰〉*38や〈蓬萊信仰〉*39の他界観の影響を受けていると思われる。これに関しては、琉球王府が編纂した『琉球国由来記』（一七一三年）に収められた金峰山観音寺（金武宮・観音寺）の縁起が参考になる。日本本土の僧侶である日秀は、補陀洛山を目指したものの、結局は沖縄本島に辿り着き、観音寺を開いたという。補陀洛渡海を試みた僧侶たちは、行方不明になる場合が多かったのであろうが、日秀と同様、琉球に漂着して、熊野信仰の伝播に何らかの役割を果たした無名の僧たちがいたのではないかと思われる。補陀洛渡海の拠点となったのは、熊野那智山や室戸岬、足摺岬などであった。このようなことを念頭に置くと、「補陀洛渡海の僧を媒介として琉球弧に熊野権現が広まった……」という可能性が考えられないであろうか。

琉球から熊野は遠く離れているが、「神々や聖地で繋がっている」と僕の心身が感応せずにはいられない。

注

＊1 司馬遼太郎『街道をゆく6―沖縄・先島へのみち』朝日新聞社、一九七八年、一六九〜一七〇頁参照。

＊2「ミルク信仰」とは〈弥勒信仰〉のことであり、弥勒未来仏である弥勒菩薩にちなむ、琉球全域に分布する民俗信仰である。〈ミルク神〉が、海の彼方から五穀豊穣と幸せを招き寄せるとされている。八重山諸島を中心とする各地に「ミルク踊り」が伝わるが、それぞれの島によって微妙に異なる。日本本土では弥勒神は「ミロク」と称されるが、八重山では「ミルク」と呼ばれ、白い大きな仮面をつけた「衆生救済の神」とされる。弥勒は、釈迦入滅後五六億七〇〇〇万年後にこの世に出現し、釈迦仏が救済しきれなかった衆生を救う来訪仏とされる。琉球弧においても元々、東方の海上にあって神々が棲む「ニライカナイ」という他界観があり、この遠来思想が日本本土でみられる弥勒信仰と融合したと考えられる。（須藤義人「サルタヒコ大神の動態原理をさぐる舞踊空間論――琉球弧の鳥天狗芸能から熊野権現へと結ぶ視点」『あらわれ』第五号、猿田彦大神フォーラム編、二〇〇二年、一〇七〜一〇八頁より）

＊3 須藤義人「サルタヒコ大神の動態原理をさぐる舞踊空間論――琉球弧の鳥天狗芸能から熊野権現へと結ぶ視点」『あらわれ』第五号、猿田彦大神フォーラム編、二〇〇二年、一一二頁参照。

＊4 嘉保根御嶽は「カブニオン、アーリヤマ」と呼ばれ、小浜島にある御嶽で当初東海岸近くにあったのが、島の中央近くに移転した。（須藤義人「サルタヒコ大神の動態原理をさぐる舞踊空間論――琉球弧の鳥天狗芸能から熊野権現へと結ぶ視点」『あらわれ』第五号、猿田彦大神フォーラム編、二〇〇二年、一一三頁より）

＊5 小浜島の結願祭では北集落の「ミルク」に対し、南集落からは「ダートゥーダ」が演じられてい

たが、一九二六年、間が抜けているなどの理由で祭りの舞台から姿を消した。その代わりに南集落からは「福禄寿」が登場するようになった。二〇〇一年十月四日に行われた結願祭において、七五年ぶりに「ダートゥーダ」が神前芸能として再現を果たすこととなった。しかし再び「福禄寿」にとって代わるのではなく、奉納芸能の一演目として登場している。ちなみに二〇〇三年の結願祭では、人手不足のために演じられなかった。（須藤義人「サルタヒコ大神の動態原理をさぐる舞踊空間論――琉球弧の鳥天狗芸能から熊野権現へと結ぶ視点」『あらわれ』第五号、猿田彦大神フォーラム編、二〇〇二年、九二〜九三頁、一一一頁を参照）

＊6 司馬遼太郎『街道をゆく6――沖縄・先島への道』朝日新聞社、一九七八年、一一二頁。

＊7 司馬遼太郎同著、四九頁参照。

＊8 高良倉吉「パイパティローマ伝説の風景」『Coralway』一九九一年一一・一二月号　特集　波照間島』所収、南西航空、一九九一年を参照。

＊9 永積安明「南波照間島――沖縄離島の構想」『世界』一九八三年八月号（四〇三号）所収、岩波書店、一九八一年を参照。

＊10 「補陀洛渡海」を試みた補陀洛渡海僧とは、真言密教の「死んで極楽に」という浄土思想が重ね合わさって、黄泉の国の入り口である熊野から南海極楽を目指す渡海を試みる僧侶を指したのが起源である。（内山幹雄「尚寧王『起請文』が語るもの〈上〉」『沖縄タイムス』二〇〇二年五月二二日日刊参照）

＊11 田畑博子「南波照間の思想」『沖縄文化』第一五巻一号（五〇号）所収、沖縄文化協会、一九七八年を参照。

＊12 石垣繁「民話の系譜　パイパティローマ説話の世界観」『八重山文化論集』第三号　牧野清先生米寿記念所収、ひるぎ社、一九九八年を参照。

＊13 司馬遼太郎『街道をゆく6――沖縄・先島への道』朝日新聞社、一九七八年、一一二頁参照。

＊14 喜舎場永珣『八重山民謡誌』沖縄タイムス出版部、一九六七年、九三〜九五頁参照。

＊15 宮田登『ミロク信仰の研究』新訂版、白水社、一九七五年、二七四頁参照。なお、弥勒節の歌詞

については、琉球新報社編『沖縄コンパクト事典』琉球新報社、二〇〇一年より引用。尚、竹富島の事例であるが、詳細の歌詞と意味は以下の通りである（全国竹富文化協会編『芸能の原風景』瑞木書房、一九九八年、三七～四〇頁より抜粋）【1】大国ぬミルク　竹富に　いもち（大国の弥勒様が　竹富島に来られて）／うかきぶせ　みしょーり　島ぬ主　島ぬ主（末永くご支配島の主様　島の主様）／《囃し》さーさー　ゆーやー　さーすり　さーさー【3】十日越しぬ夜雨　弥勒世ぬ　しるし（十日ごとに降る夜雨は　弥勒世の兆し）／降りばしょーる　我島　むたい栄い　むたい栄い（降臨された　我が島は　おおいに　繁栄して欲しい）／《囃し》【5】押す風ぬ　黄金　弥勒世ぬ　しるし（さわやかな風に揺れる稲穂は　弥勒世の兆し）／ふたかちゃぬ布や　急じ　童　急じ　童（祝い用の幕の　布を　急いで　織りなさい　乙女たち）／《囃し》

＊16　崎原恒新「歌謡にみるミルク信仰」『しまうた』第六号、しまうた文化研究会所収、一九七九年、八四～八八頁参照。

＊17　喜舎場永珣『八重山民謡誌』沖縄タイムス出版部、一九六七年、九三～九五頁参照。

＊18　宮田登『ミロク信仰の研究』新訂版、白水社、一九七五年、二七一頁参照。

＊19　須藤義人「〈司馬遼太郎の描いた「弥勒」観〉に関する一考察―「南波照間島」伝説から弥勒信仰へと結ぶ眼差し」『沖縄大学地域研究所所報』第三〇号所収、二〇〇三年、九八頁参照。

＊20　『琉球列島民俗語彙』第一書房を参照。

＊21　須藤義人「〈司馬遼太郎の描いた「弥勒」観〉に関する一考察―「南波照間島」伝説から弥勒信仰へと結ぶ眼差し」『沖縄大学地域研究所所報』第三〇号所収、二〇〇三年、九五～一〇八頁参照。

＊22　崎原恒新「歌謡にみるミルク信仰」『しまうた』第六号、しまうた文化研究会所収、一九七九年、八四～八八頁参照。

＊23　司馬遼太郎『街道をゆく19―中国・江南のみち』朝日新聞社、一九八七年、一九二～一九六頁参照。

＊24　比嘉朝進『沖縄の季節と行事』沖縄総合図書、一九九八年、一二〇～一二二頁参照。

＊25　三橋健『日本人と福の神・七福神と幸福論』丸善株式会社、二〇〇二年、一八七～一八九頁参照。

＊26 宮田登「福神のあゆみ」『図説 七福神・福をさずける神々の物語』戎光祥出版、二〇〇二年、八四〜八七頁参照。

＊27 ホ・ホアン・ホア博士は、ベトナムの民俗芸能を調査している研究者でもあり、琉球諸島の弥勒行列との比較研究に関心を示していたことも付記しておく。

＊28 本田安次『沖縄の祭と芸能』第一書房、一九九一年、九九頁参照。

＊29 「アカマタ・クロマタ」については第二章の脚注＊22を参照。

＊30 柳田國男の『海上の道』では著書名と同題の論文以外に収録されている論考「宝貝のこと」が重要であり、日本人のルーツとして黒潮に沿って北上したのは「赤米」だけでなく、首飾りとしての愛用されていた「宝貝」の伝播の存在も忘れてはならないと促している。その論考では古歌謡『おもろさうし』に出てくる「ツシヤ」の語に着目し、宝貝を加工して首飾りにする風習を「旅立つあんや　夏たなしやれは　ツシヤの玉やれは　首からもさわらん」（巻一三―二一三）の歌謡の中に求めたのである。

＊31 柳田國男「みろくの船」『海上の道』ちくま書房所収、一九五六年、一〇五〜一一三頁参照。

＊32 柳田國男の「海上の道」については第五章の脚注＊30を参照。

＊33 〈補陀洛信仰〉とは観音菩薩の浄土である補陀洛世界に往生して、そこに永遠に生きようとする熊野特有の信仰である。その思想に従って、補陀洛渡海をすることで自らの犯した罪・穢れを浄化しつつ、他の人々の罪までをも消去るという「捨身行」を行った。（木崎武尊『熊野的領域』講談社出版サービスセンター、二〇〇二年、六一頁参照）

＊34 そもそも「海上の道」というコンセプトは、日本民俗学の礎石を築いた柳田國男が、一九二〇年から二一年にかけて九州の東海岸から奄美諸島・沖縄本島・宮古群島・八重山諸島を旅行した時の紀行文と論考を著書『海上の道』や『海南小記』の中で展開したことに始まる。とりわけ『海上の道』では著書名と同題の論文以外に収録されている論考「宝貝のこと」が重要であり、日本人のルーツとして黒潮にそって北上したのは「赤米」だけでなく、首飾りとしての愛用されていた「宝貝」の伝播の存在を忘れてはならないと促している。その論考では古歌謡『おもろさうし』に出て

くる「ツシヤ」の語に着目し、宝貝を加工して首飾りにする風習を「旅立つあんや　夏たなしやれは　ツシヤの玉やれは　首からもさわらん」（巻一三―二二三）の歌謡の中に求めた。

＊34 佐藤善五郎「伊波普猷とサルタヒコ〈上〉」『沖縄タイムス』一九九八年二月九日日刊参照。

＊35 石垣繁「来島八〇年歌碑建立によせて　柳田國男の足跡　石垣島に刻む」『沖縄タイムス』二〇〇一年一二月三日日刊参照。

＊36 石垣繁「柳田國男と宝貝」『琉球新報』二〇〇一年九月二六日日刊参照。

＊37 佐藤善五郎「伊波普猷とサルタヒコ〈下〉」『沖縄タイムス』一九九八年二月一一日日刊参照。

＊38 〈常世信仰〉とは、古代日本人の他界観の一つで、「常世」は生と死が一体となった世界と考えられていた。即ち、神霊の宿る肯定的な世界と、死霊の集う否定的な世界の二側面を併せ持つ異界と想定されていたのである。それが中世になると仏教などの影響を受け、「根の国」や「黄泉国」として扱われるようになる。（木崎武尊『熊野的領域』講談社出版サービスセンター、二〇〇二年、六一頁参照）

＊39 〈蓬莱信仰〉とは、発祥の地である中国から見て東方彼方の海上にあるとされ、不老不死、食物豊穣の島として想像された。この仙境の島を探して、そこに身を置くことを願うことを一義とした信仰であり、後に「徐福信仰」とも結び付られた。（木崎武尊『熊野的領域』講談社出版サービスセンター、二〇〇二年、六〇頁参照）

おわりに

凡そ一〇〇〇年前に、伊波普猷の「サダル＝猿田彦」説によって、琉球弧におけるサルタヒコ研究の端緒が開かれた。それを引き継ぐかたちで、一九九七年から二〇一〇年まで「猿田彦大神フォーラム」（代表：宇治公貞明・猿田彦神社宮司、世話人代表：鎌田東二・京都大学教授）という新潮流ができ、この流れが新たな神話学の発露の場となり、〈サルタヒコ神話の再発見〉へと繋がる起点にもなった。琉球弧のサルタヒコ研究は、佐藤善五郎氏も指摘している通り*1、伊波の一文から始まった。僕は「サルタヒコ」という神に惹かれ、〈マレビト〉の研究を進める者として、先人が拓いた長い道のりを歩み始めたばかりである。

最後に、学恩のあった方々に対し、厚く御礼申し上げたい。また本論では、敬称を略して記述してきたことに、深くお詫びを申し上げたい。

僕が研究活動への足を踏み入れる端緒となったのは、宗教哲学者の鎌田東二先生、比較基層文化論の池田雅之先生の影響が大きかったことをこの場にて触れておきたい。そして、自然崇拝へのインスピレーションを与えていただいた大重潤一郎監督、舞踊論の視点からご助言いただいただいた板谷徹先生、また民俗芸能論をご指導いただいた佐藤善五郎先生……。この場を拝借して、謝辞の意を記したい。

出版のご縁をいただいた緒方修先生、芙蓉書房出版の平澤公裕社長にも厚く御礼申し上げたい。

僕は、琉球と熊野の民俗世界と出会い、「比較基層文化論」「民俗芸能論」「映像民俗学」によって、その世界観を描き出そうとしてきた。琉球弧の古層の魅力に導かれ、那覇に移住した後、〈マレビト芸能〉という研究対象へと誘《いざな》ってくれたのは、「人と人の繋がり」であると実感している。自分がとるべき研究スタンスで一番重要なものは、〈人々の環への感謝〉である。〈縁《えにし》〉があった人々への「義」の心意気で成り立つ……とやっと思い始めるようになった。恥かしながら、今は亡き両祖父が僕に命名した「義人」への想いを、少しづつ理解し始める研究ともなった。

本書を、故・宇治公貞明宮司（猿田彦神社前宮司）に捧げる。

……二〇一一年の旧暦一月一七日、「トゥシビー」（生年祝い）の夜に、

那覇にて本稿完成を迎える……

＊1　佐藤善五郎「伊波普猷とサルタヒコ〈下〉」『沖縄タイムス』一九九八年二月一一日日刊参照。

【参考文献】

赤田のみるくウンケー実行委員会・編『赤田みるく——復興の記録』、二〇〇〇年
安里　進『グスク・共同体・村　沖縄歴史考古学序説』榕樹書林、一九九八年
網野善彦『日本論の視座　列島の社会と国家』小学館ライブラリー、一九九〇年
網野善彦『日本中世の民衆像　平民と職人』岩波新書、一九八〇年
石垣　繁「民話の系譜　パイパティローマ説話の世界観」『八重山文化論集』(第三号　牧野清先生米寿記念) 所収、ひるぎ社、一九九八年
石垣　繁「柳田國男と宝貝」『琉球新報』二〇〇一年九月二六日日刊
石垣　繁「来島八〇年歌碑建立によせて　柳田國男の足跡　石垣島に刻む」『沖縄タイムス』二〇〇一年一二月三日日刊
伊波普猷・東恩納寛惇・横山重編纂『琉球史料叢書第五巻　中山世鑑』名取書店、一九四一年
上田　篤『海辺の聖地——日本人と信仰空間』新潮選書、一九九三年
上原孝三「沖縄の御嶽——その聖地観をめぐって」『東北学』(六号)、東北芸術工科大学東北文化研究センター、二〇〇二年
梅原　猛『日本の原郷熊野』新潮社、一九九〇年
内山幹雄「尚寧王　『起請文』が語るもの〈上〉」沖縄タイムス、二〇〇二年五月二二日日刊
内山幹雄「尚寧王　『起請文』が語るもの〈下〉」沖縄タイムス、二〇〇二年五月二三日日刊
大城　学「フェーヌシマ系の芸能」『沖縄文化』第二七巻二号、沖縄文化協会、一九九二年
大城　学『沖縄芸能史概論』砂子屋書房、二〇〇〇年
大浜信賢「南波照間」『八重山民謡誌』沖縄タイムス出版部、一九六七年

大浜信賢「南波照間逃避行」『八重山の人頭税』三一書房、一九七一年
大林太良編『日本神話の比較研究』法政大学出版局、一九七四年
大林太良『神話と神話学』大和書房、一九七五年
沖縄タイムス社編『おきなわの祭り』沖縄タイムス社、一九九一年
沖縄県教育委員会編『沖縄の文化財Ⅳ　無形・民俗文化財編』沖縄教育委員会、一九九六年
折口信夫「翁の発生」『折口信夫全集二』中央公論社、一九五五年
折口信夫『日本藝能史六講』講談社学術文庫、一九九一年
戎光祥出版編集部・編『図説　七福神・福をさずける神々の物語』戎光祥出版、二〇〇二年
金関丈夫『琉球民俗誌』法政大学出版局、一九七八年
鎌田茂雄『山岳信仰』集英社、一九八七年
鎌田東二『謎のサルタヒコ』創元社、一九九七年
鎌田東二『隠された神サルタヒコ』大和書房、一九九九年
鎌田東二『ウズメとサルタヒコの神話学』大和書房、二〇〇〇年
鎌田東二「鳥と道の翁の知恵」『サルタヒコの旅 SARUTAHIKO ODYSSEY』創元社、二〇〇一年
狩俣恵一「八重山芸能と弥勒信仰／上」『琉球新報』朝刊一九九八年一月八日
狩俣恵一「八重山芸能と弥勒信仰／下」『琉球新報』朝刊一九九八年一月九日
喜舎場永珣『八重山民謡誌』沖縄タイムス出版部、一九六七年
喜舎場永珣『八重山歴史』国書刊行会、一九七五年
喜舎場永珣『八重山民俗誌　上巻・下巻』沖縄タイムス社、一九七七年
喜舎場永珣『八重山古謡　上巻・下巻』沖縄タイムス社、一九七〇年
木崎武尊『熊野的領域』講談社出版サービスセンター、二〇〇二年
金城睦弘「沖縄本島中部の南の島踊――北中城熱田、及び北谷字北谷の事例」『沖縄芸能史研究』（創刊号）、沖縄芸能史研究会、一九七六年

黒島精耕『小浜島の歴史と文化』自費出版、二〇〇〇年
国分直一『日本民族文化の研究』慶友社、一九七〇年
国立　歴史民俗博物館編『村が語る沖縄の歴史』国立歴史民俗博物館、一九九九年
五来　重『吉野・熊野信仰の研究』名著出版、一九七五年
五来　重『日本人の死生観』角川選書、一九九四年
五来　重『宗教民俗講義』角川書店、一九九五年 一二五三
五来　重『庶民信仰の諸相』角川書店、一九九五年
小松和彦『憑霊信仰論　妖怪研究への試み』講談社、一九九四年
酒井卯作『稲の祭』岩崎書店、一九五八年
酒井卯作『琉球列島民俗語彙』第一書房、一九九八年
崎間敏勝『ニライ・カナイの原像』琉球文化歴史研究所、一九八九年
崎原恒新「歌謡にみるミルク信仰」『しまうた』（第六号、しまうた文化研究会）所収、一九七九年
崎原恒新「南島踊（フェーヌシマ）調査報告」『しまうた』（第八号、しまうた文化研究会）所収、一九八一年
笹森儀助『南嶋探験』（東喜望校注、東洋文庫版）平凡社、一九八三年
佐藤善五郎「乱舞論――奄美六調、沖縄カチャーシーの源流」『琉球新報』一九八七年一二月一八日日刊
佐藤善五郎「伊波普猷とサルタヒコ〈上〉」『沖縄タイムス』一九九八年二月九日日刊
佐藤善五郎「伊波普猷とサルタヒコ〈中〉」『沖縄タイムス』一九九八年二月一〇日日刊
佐藤善五郎「伊波普猷とサルタヒコ〈下〉」『沖縄タイムス』一九九八年二月一一日日刊
澤村経夫『熊野の謎と伝説　日本のマジカル・ゾーンを歩く』工作舎、一九八一年
司馬遼太郎『街道をゆく6―沖縄・先島への道』朝日新聞社、一九七八年
司馬遼太郎『街道をゆく19―中国・江南のみち』朝日新聞社、一九八七年
下村巳六『熊野の伝承と謎』批評社、一九九五年

新城徳佑「民俗芸能」、三隅治雄編『沖縄の芸能』邦楽と舞踊出版部、一九六九年
鈴木正崇『山と神と人――山岳信仰と修験道の世界』淡交社、一九九一年
住谷一彦、ヨーゼフ・クライナー共著『南西諸島の神概念』未来社、一九七七年
下野敏見『南九州の民俗芸能』未来社、一九八〇年
下野敏見「フェーヌシマ踊りはどこからきたのか―起源と伝播を探る■一」『琉球新報』二〇〇一年七月二日日刊
下野敏見「フェーヌシマ踊りはどこからきたのか―起源と伝播を探る■二」『琉球新報』二〇〇一年七月二日日刊
下野敏見「フェーヌシマ踊りはどこからきたのか―起源と伝播を探る■三」『琉球新報』二〇〇一年七月六日日刊
下野敏見「フェーヌシマ踊りはどこからきたのか―起源と伝播を探る■四」『琉球新報』二〇〇一年七月九日日刊
下野敏見「フェーヌシマ踊りはどこからきたのか―起源と伝播を探る■五」『琉球新報』二〇〇一年七月一〇日日刊
下野敏見「フェーヌシマ踊りはどこからきたのか―起源と伝播を探る■六」『琉球新報』二〇〇一年七月一三日日刊
下野敏見「フェーヌシマ踊りはどこからきたのか―起源と伝播を探る■七」『琉球新報』二〇〇一年七月一四日日刊
諏訪春雄・川村湊編『訪れる神々――神・鬼・モノ・異人』雄山閣出版、一九九七年
高橋恵子『沖縄の御願ことば辞典』ボーダーインク、一九九八年
高良倉吉「パイパティローマ伝説の風景」『Coralway』（一九九一年一一・一二月号　特集　波照間島）所収、南西航空、一九九一年
谷川健一編『日本の神々　神社と聖地一三　南西諸島』白水社、一九八七年

谷川健一『常世論』講談社学術文庫、一九八九年
田畑博子「南波照間の思想」『沖縄文化』第一五巻一号（五〇号）所収、沖縄文化協会、一九七八年
玉城政美「琉球の儀礼歌謡　祭司と来訪神の歌謡」『東北学』一号、東北芸術工科大学東北文化研究センター、一九九九年
土橋　寛『古代歌謡をひらく』大阪書籍、一九八六年
豊島　修『死の国・熊野』講談社現代新書、一九九二年
永積安明「南波照間島――沖縄離島の構想」『世界』一九八三年八月号（四〇三号）所収、岩波書店、一九八一年
長島節五『修験道と日本宗教』春秋社、一九九六年
仲松弥秀「古層の村」『村落共同体』木耳社、一九七一年
仲松弥秀「御嶽」『沖縄大百科事典』沖縄タイムス社、一九八三年
仲原善忠・外間守善『校本　おもろさうし』角川書店、一九六七年
那覇市教育委員会編『那覇安里のフェーヌシマ』那覇市教育委員会、一九八一年
日本民族学会編『沖縄の民族学的研究――民俗社会と世界像』民族学振興会、一九七三年
日本民族学会編『民族学研究』四二巻一号、彰考書院、一九七七年
野本寛一『熊野山海民俗考』人文書院、一九九〇年
服部四郎・仲宗根政善・外間守善編集『伊波普猷全集』第五巻、平凡社、一九七四年
波照間永吉「オモロにみる美意識と装い」『南島祭祀歌謡の研究』砂子屋書房、一九九九年
波照間永吉「八重山の御嶽信仰習俗覚書」『沖縄芸術の科学』沖縄県立芸術大学附属研究所、一九八八年
波照間永吉『弧琉球叢書四　南島祭祀歌謡の研究』砂子屋書房、一九九九年
早川孝太郎『民俗民芸双書二　花祭』岩崎美術社、一九六八年
比嘉朝進『沖縄の季節と行事』沖縄総合図書、一九九八年
比嘉康雄『日本人の魂の源郷　沖縄久高島』集英社、二〇〇〇年

藤田正編『ウチナーのうた』音楽之友社、一九九八年
外間守善・波照間永吉編著『定本　琉球国由来記』角川書店、一九九七年
外間守善・新里幸昭『南島歌謡大成Ⅲ宮古篇』角川書店、一九七八年
外間守善・宮良安彦『南島歌謡大成Ⅳ八重山篇』角川書店、一九七九年
外間守善・玉城政美『南島歌謡大成Ⅰ沖縄篇上』角川書店、一九八〇年
外間守善『南島文学論』角川書店、一九九五年
本田安次『南島採訪記』明善堂書店、一九六二年
本田安次「成立と発展」、三隅治雄編『沖縄の芸能』邦楽と舞踊出版部、一九六九年
本田安次『日本の伝統芸能』錦正社、一九九〇年
本田安次『沖縄の祭と芸能』第一書房、一九九一年
本田安次『南島文化叢書一三　沖縄の祭と芸能』第一書房、一九九一年
本田安次『アジアの伝統芸能』錦正社、一九九二年
本田安次『本田安次著作集　日本の傳統藝能　第十八巻　南島採訪記』錦正社、一九九九年
本田安次『本田安次著作集　日本の傳統藝能　第十九巻　沖縄の藝能』錦正社、一九九九年
牧野　清『登野城村の歴史と民俗』自費出版、一九七五年
牧野　清『八重山の明和大津波』自費出版、一九八一年
牧野　清『八重山のお嶽――嶽々名・由来・祭祀・歴史』あ〜まん企画、一九九〇年
又吉盛清「パイパティローマを追って」『GARVE』（第三号　特集パイパティローマ）所収、パナリ本舗、一九九四年
馬淵東一「波照間島その他の氏子組織」『沖縄文化論叢』第三巻、平凡社、一九七一年
馬淵東一・小川徹編『沖縄文化論叢　第三巻―民俗編二』平凡社、一九七一年
三浦昭二『まつり』四〇号、まつり同好会、一九八二年
三隅治雄「沖縄の民俗芸能の分布とその分類」、『人類科学』二四、一九七一年

三隅治雄「概説」『民俗芸能辞典』（仲井幸二郎他編）東京堂出版、一九八一年
三隅治雄『日本』東京堂出版、一九八一年
三橋　健『日本人と福の神・七福神と幸福論』丸善株式会社、二〇〇二年
宮田　登『ミロク信仰の研究　新訂版』白水社、一九七五年
宮田　登『白のフォークロア――原初的思考』平凡社ライブラリー、一九九四年
宮元袈裟雄『天狗と修験者』人文書院、一九九三年
宮良賢貞『八重山芸能と民俗』根元書房、一九七九年
宮良高弘『波照間島民俗誌』木耳社、一九七二年
村上重良『日本宗教事典』講談社学術文庫、一九八八年
柳田國男「海南小記」『柳田國男全集一』ちくま書房所収、一九八九年
柳田國男『海上の道』ちくま文庫柳田國男全集一収録版、一九八九年（初版一九六一年）
山内盛彬「琉球の舞踊と護身舞踊」『民俗芸能全集三』民俗芸能全集刊行会、一九六三年
山折哲雄『神と仏』講談社現代新書、一九八三年
横山　重『琉球神道記　弁蓮社袋中集』角川書店、一九七〇年
吉田敦彦『日本神話のなりたち』青土社、一九九二年
吉野裕子『易と日本の祭祀――神道への一視点』人文書院、一九八四年
吉野裕子『山の神――易・五行と日本の原始蛇信仰』人文書院、一九八九年
琉球新報社編『沖縄コンパクト事典』琉球新報社、二〇〇一年
琉球新報「しまうた巡り――六調の流れ　二二」、二〇〇一年三月三一日日刊
琉球新報「南嶋民俗資料館―氏族屋敷に独自の資料館」、二〇〇一年六月二一日日刊
琉球新報「竹富『だあどぅだあ』が迎え」、二〇〇一年七月八日日刊
湧上元雄『沖縄民俗文化論　祭祀・信仰・御嶽』榕樹書林、二〇〇〇年
渡邊欣雄『沖縄の社会組織と世界観』新泉社、一九八五年

著者
須藤 義人（すどう よしひと）

1976年神奈川県横浜生まれ。2000年早稲田大学社会科学部卒業（比較基層文化論）、2007年沖縄県立芸術大学大学院博士課程単位取得退学（芸術文化学）。

現在、映像民俗学者（沖縄大学人文学部こども文化学科専任講師）、映画助監督（NPO法人沖縄映像文化研究所理事）。

著書に、『久高オデッセイ』（晃洋書房、2011年）、『共生と循環のコスモロジー——日本・アジア・ケルトの基層文化への旅』（共著、池田雅之編、成文堂、2005年）、論文に、「サルタヒコ大神の動態原理をさぐる舞踊空間論——琉球弧の烏天狗芸能から熊野権現へと結ぶ視点」（猿田彦大神フォーラム編『年報あらわれ』猿田彦神社発行、2002年）、「琉球諸島における〈弥勒〉観に関する一考察——弥勒仮面が来訪した〈海上の道〉を探る視点」（『沖縄大学地域研究所年報』18号、沖縄大学地域研究所発行、2004年）、「『子ども文化』の基礎的研究——民俗祭祀の中にみる〈子ども像〉の諸相」（『沖縄大学人文学部紀要』第８号、沖縄大学人文学部、2006年）、「民俗芸能と映像記録——記録における批判理論と制作実践のはざまで」（トヨタ財団研究助成報告書『芸能による地域共同体の再構築——沖縄における村踊り伝承の支援』村踊りフォーラム、2008年）などがある。映像作品（助監督）には、「久高オデッセイ　第一部」（NPO 法人沖縄映像文化研究所・文化庁助成、2006年）、「フェーヌシマのきた道」（沖縄大学映像民俗学研究フォーラム・ポーラ伝統文化振興財団、2007年）、「古宇利島・神々の祭り」（今帰仁村教育委員会・地域創造助成、2010年）、「久高オデッセイ　第二部・生章」（NPO 法人沖縄映像文化研究所・文化庁助成、2011年）などがある。

第四回「猿田彦大神と未来の精神文化」研究助成一席（2001年）、第六回「司馬遼太郎フェローシップ」（2003年）を受賞。

マレビト芸能《げいのう》の発生《はっせい》
——琉球と熊野を結ぶ神々——

2011年 5月31日　第１刷発行

著　者
須藤《すどう》 義人《よしひと》

発行所
㈱芙蓉書房出版
（代表 平澤公裕）
〒113-0033東京都文京区本郷3-3-13
TEL 03-3813-4466　FAX 03-3813-4615
http://www.fuyoshobo.co.jp

印刷・製本／モリモト印刷

ISBN978-4-8295-0509-0